Heinrich Heine im Jahr 1829
„Bibliothek des allgemeinen und praktischen Wissens.
Bd 5" (1905)
Deutsche Literaturgeschichte , Seite 115

HOLGER SCHULZ

ANGEKRÄNKELTES LAND

UN PAYS MALADIVE

SKIZZEN ZWEIER ÜBEL

ESQUISSES DE DEUX MAUX

© 2021 Holger Schulz

Verlag & Druck: tredition GmbH, Halenreie 40-44,
22359 Hamburg

ISBN:
978-3-347-31008-7 (Paperback)
978-3-347-31009-4 (Hardcover)
978-3-347-31010-0 (E-Book)

Bibliografische Information der Deutschen Nationalbibliothek:
Die Deutsche Nationalbibliothek verzeichnet diese Publikation
in der Deutschen Nationalbibliografie; detaillierte bibliografische Daten sind im Internet über http://dnb.d-nb.de abruf-
bar.

ÜBER DIESES BUCH

Chimèren machen Angst, sie sind Ungeheuer.

Sie blicken, steingeworden, von der Kathedrale Notre Dame in Paris auf die Stadt. Sie können aber auch unsichtbar sein, als Viren und Bakterien.

Vor 190 Jahren bedroht ein Bakterium die Menschen in Paris, jetzt geht weltweit ein Virus um.

Während langer Monate seit Beginn des Jahres 2020 vergeht kein Tag, an dem die Menschen nicht mit besorgniserregenden Meldungen in den Medien über eine Pandemie beunruhigt werden: Es grassiert ein Virus und infiziert weltweit Tausende. Das Virus gehört zur Familie der Coronaviren und erhält die Bezeichnung SARS-CoV-2 (Severe acute respiratory syndrome coronavirus). Menschen, die mit diesem Virus infiziert werden, erleiden bisweilen eine Atemwegserkrankung, die als Covid-19 bezeichnet wird (Corona virus desease 2019). Bei schwerem Krankheitsverlauf kann Covid-19 tödlich sein.

Dieses Buch soll die Reihe der nahezu unübersehbaren Zahl der Veröffentlichungen zu SARS-CoV-2 und Covid-19 nicht fortsetzen, sondern ich möchte mit einem Blick in die Literatur der Zeitzeugen einer vergangenen Epidemie verdeutlichen, wie eine frühere Generation mit einer Heimsuchung umgegangen ist.

Im Gegensatz zu den weitgehend düsteren Prophezeiungen vieler heutiger Autoren über die Entwicklung und Folgen der SARS-CoV-2-Pandemie haben die Menschen der Vergangenheit nach meinem Eindruck grassierende Seuchen wesentlich gelassener ertragen. Krankheiten, Seuchen und der Tod gehörten fraglos zum Leben. Heute wird die Vergänglichkeit des Lebens oftmals als Verhängnis gewertet, das um jeden Preis zu vermeiden ist.

Die Gegenüberstellung in diesem Buch, wie die Menschen vor rund 190 Jahren, im Jahr 1832, gegen die Cholera in Paris angehen, mit unserem Verhalten, wie wir heute die Corona-Epidemie versuchen zu meistern, fällt nicht zu unseren Gunsten aus.

Die Medien erzeugen heute oftmals Panik. Allerdings behaupten sie dabei, mit ihrer Berichterstattung vor einer Panik warnen zu wollen. Tagaus, tagein verbreiten sie in alarmistischer Weise Zahlen über Infektionen im In- und Ausland.[1]

Es dürfte jedoch Gelassenheit angebracht sein.

Über die Cholera-Epidemie in Paris vermittelt Heinrich Heine in seinen Berichten über „Französische Zustände" einen anschaulichen Eindruck in der „Allgemeinen Zeitung" und später in Büchern darüber, wie er als Zeitzeuge, Journalist und Literat die Ausnahmesituation im Paris des Jahres 1832 erlebt. Heines Darstellungen bilden das Gerüst dieses Buches.

Allerdings ist Heine nicht Zeitzeuge in dem Sinne, dass er immer als unmittelbarer Zeuge der von ihm geschilderten Zustände gelten kann. Heine wertet die französischen Zeitungen, beispielsweise den „Constitutionel", die auflagenstärkste Zeitung, den „Figaro" oder den „National" aus, und er „verdichtet" die Meldungen und Meinungen der Gazetten in den „Französischen Zuständen". Er fügt Fragmente aus den Journalen zusammen, die er spannungsreich, nicht immer faktenorientiert, dramatisiert, ja, sogar manipuliert und somit neu gestaltet. Als „Journalist und Schriftsteller" bezeichnet Heine sich selber, der als „ordnender Geist" ein Werk liefert. In den „Französischen Zuständen" bestätigt er beide Rollen.

Es bereitet mir immer wieder großes Vergnügen, Heines Texte zu lesen; bei jeder Wiederholung der Lektüre entdecke ich neue Aspekte, die mir beim vorangegangenen Lesen nicht aufgefallen waren. Heines „Französische Zustände" sind ein Meisterwerk, jedoch wird diese Wertung nicht von allen geteilt, namentlich nicht von Ludwig Börne, der zur selben Zeit wie Heine in Paris lebt, seinen Landsmann jedoch nicht ausstehen kann.

Börnes Anmerkungen zur Cholera werde ich später behandeln. An dieser Stelle sei lediglich auf eine Notiz in einem am 25. Februar 1833 geschriebenen Brief Börnes verwiesen, der Börnes Urteil über Heines „Französische Zustände" wiedergibt: „Soll ich über Heine´s Französische Zustände ein vernünftig Wort versuchen? Ich wage es nicht." „Das fliegenartige Misbehagen", das Börne „um den Kopf summte", hindert ihn nicht, in diesem Brief seitenlang der Geringschätzung Heines Ausdruck zu verleihen.

Zwei Anmerkungen sind an dieser Stelle noch angebracht.

Zum einen: Heine ist gefährlich. Ein Facebook-Nutzer hat Heine im April 2021 bei Facebook zitiert und ist daraufhin von dem Internetriesen gesperrt worden, weil er mit Heines Wort Hassrede und Herabwürdigung verbreite. Das Zitat lautet: „Der Deutsche gleicht dem Sklaven, der seinem Herrn gehorcht ohne Fessel, ohne Peitsche…"[2]

Heine kennt es, verfemt zu sein. Zuletzt ist sein Werk im Nationalsozialismus unterdrückt und dann auch verboten worden (1940).

Zum zweiten: Heine schreibe „mit gesundem Menschenverstand", befindet Franz Grillparzer, der Heine im April 1836 in Paris besucht,[3] und er, Heine, so empfinde ich es, beschreibt mit gesundem Menschenverstand, leidenschaftlich, geistreich, ironisch, polemisch die Zustände in Paris, und er versteht es, sich der deutschen Sprache so virtuos zu bedienen, als schriebe er in seiner Prosa klangvolle Lyrik. Heines Sprache ist reich, voller Melodien.

Marcel Reich-Ranicki, Literaturkritiker und Heine-Verehrer, erklärt im Interview mit der „Frankfurter Allgemeinen Zeitung" (2006), zu Beginn der 1970er Jahre hätten in einer Umfrage die weitaus meisten der neunzig deutschen Autoren bekannt, niemals etwas von Heine gehört zu haben, oder aber er sei ihnen gleichgültig.[4] Das ist ein deprimierendes Ergebnis. Es dürfte heute nicht besser sein. Vielleicht trägt dieser Text dazu bei, dass Heine einige neue Leser gewinnt?[5]

Wer Heine mag, mag auch die deutsche Sprache.

CHOLERA IN PARIS, CORONA IN DEUTSCHLAND

„FRANZÖSISCHE ZUSTÄNDE", DEUTSCHE ZUSTÄNDE

Heinrich Heine hat Deutschland verlassen und lebt seit 1831 in Paris. Die Julirevolution in Frankreich im Jahr 1830 mit der Beendigung der Bourbonen-Herrschaft verspricht ihm, so sieht er es, in Frankreich ein freieres Leben als in Deutschland, dem Land des „Schlafmützentums". Heines Problem, ein geregeltes Leben in eingeengten beruflichen Bahnen zu führen - er bezeichnet die Stadt Hamburg, in der er mit dem von seinem Onkel Salomon Heine für ihn eingerichteten Tuchgeschäft pleite geht, als „Schacherstadt" und „verludertes Kaufmannsnest" - dieser Enge meint er in Paris entkommen zu können und sein „unerquickliches Leben" in Hamburg hinter sich zu lassen. Salomon Heine zeigt sich sein Leben lang großzügig und unterstützt seinen Neffen auch im fernen Paris.[6]

Heines erste Adresse in Paris ist das Hôtel de Luxembourg in der Rue Vaugirard 54, direkt am Jardin de Luxembourg, also eine sehr noble Unterkunft. Schon im Februar

1832 wechselt er allerdings auf die andere Seite der Seine, die Rive droite, in eine Wohnung in der Rue de l′Échiquier 38, die in einem stillen Hinterhof liegt. August Lewald schreibt dazu in seinen Gesammelten Schriften über seinen Freund Heine: „In Paris wählt er lange, bis er eine Wohnung findet. (…) Die einsamsten, entlegensten Straßen sind ihm die liebsten; und nun wählt er wieder einen einsamen, stillen Hof, oft den zweiten, dritten, wenn es sein kann, weit weg vom Geräusche und Treiben des Lebens; kein Stall, kein Waschhaus, kein Handwerker darf in der Nähe sein." Heines Wohnung „lag im zweiten Hofe eines geräumigen Hôtels, in welchem Gras wuchs und eine Todtenstille lagerte."[7]

Heine glaubt sich, schreibt August Lewald weiter, „von Spionen aller Nationen umgeben, denn auch wegen seiner kühnen Aeußerungen über Louis Philipp hielt er sich nicht für sicher. Es war merkwürdig, ihn zu beobachten, mit welcher Verachtung der Gefahr er seine Meinung ins Publicum sandte."[8]

In Paris schreibt Heine in dieser Wohnung neben Essays, Gedichten und Prosa auch politische Artikel für Zeitungen, für das deutsche Publikum in der Augsburger „Allgemeinen Zeitung", die im Verlag der Cotta′schen Buchhandlung des Verlegers Johann Friedrich Cotta erscheint. Einige in dieser Zeitung veröffentlichten Beiträge gibt Heines Hamburger Verleger Julius Campe später, im Jahr

1833, nach längerem Streit zwischen Heine und Campe („Leben Sie wohl und hole Sie der Teufel", Heine am 28. Dezember 1832 an Julius Campe) unter dem Titel „Französische Zustände" als Buch heraus.

„Ich rede von der Cholera, die seitdem hier herrscht, und zwar unumschränkt, und die, ohne Rücksicht auf Stand und Gesinnung, tausendweise ihre Opfer niederwirft."

Am 29. April 1832 veröffentlicht die „Allgemeine Zeitung" als „Außerordentliche Beilage" ohne Nennung des Namens des Verfassers den ersten Teil eines Berichtes mit dem Titel „Französische Zustände", die Schilderung Heinrich Heines über die Cholera in Paris. Der Text erscheint bereits zehn Tage nach seiner Niederschrift in der Zeitung. An den folgenden Tagen können die Leser bis zum 2. Mai die weiteren Fortsetzungen der Beschreibungen Heines über die Cholera verfolgen. Am Schluss der letzten Folge sind die Initialen des Verfassers der Berichte aufgeführt: H. H., mehr nicht.

Unter den Datum des 19. April 1832 schreibt Heine, er wolle in einem späteren Artikel über die Revolution in

Frankreich schreiben, aber „die Gegenwart ist in diesem Augenblicke das Wichtigere, und das Thema, das sie mir zur Besprechung darbietet, ist von der Art, daß überhaupt jedes Weiterschreiben davon abhängt."[9] „Ich rede von der Cholera", erklärt Heine, die jetzt in Paris herrsche „und zwar unumschränkt, und die, ohne Rücksicht auf Stand und Gesinnung, tausendweise ihre Opfer niederwirft."

„Bei dem großen Elende, das hier herrscht, bei der kolossalen Unsauberkeit, die nicht blos bei den ärmeren Klassen zu finden ist, bei der Reizbarkeit des Volkes überhaupt, bei seinem grenzenlosen Leichtsinne, bei dem gänzlichen Mangel an Vorkehrungen und Vorsichtsmaaßregeln, mußte die Cholera hier rascher und furchtbarer als anderswo um sich greifen."

Mit dem „großen Elende" beschreibt Heine die Lebenssituation der „ärmeren Klassen", die nach seiner Darstellung darunter leiden müssen, dass die politisch Verantwortlichen keine ausreichenden Vorsichtsmaßnahmen veranlasst hätten, wie sie, Heine erwähnt es an anderer Stelle, in London getroffen worden sind.

Die „Deutsche Welle" meldet am 31. Dezember 2019 unter der Überschrift „Mysteriöse Krankheit in China entdeckt", eine bislang unbekannte Lungenkrankheit sei in der zentralchinesischen Metropole Wuhan ausgebrochen und fragt „Droht eine neue Pandemie?"[10]

Es würden Erinnerungen an die SARS-Pandemie aus dem Jahr 2002 wach, die zu den gefährlichsten Infektionswellen der jüngeren Zeit zähle. Jeder zehnte Patient sei damals an der Virus-Infektion gestorben. Das chinesische Parteiorgan, die „Volkszeitung", dementiere jedoch diese Darstellung.

Seit Anfang Dezember 2019 erkranken mehrere Patienten in Wuhan an einer Lungenentzündung. Die Polizei in Wuhan ermittelt gegen Personen, die Gerüchte verbreiten, es handele sich um einen neuen Ausbruch von Infektionskrankheiten.[11] *Der Augenarzt Li Wenliang warnt vor der neuen Krankheit, unterschreibt jedoch anschließend auf Druck des örtlichen Büros für Sicherheit eine Erklärung, er habe „falsche Kommentare" abgegeben und sei bereit, die Krankheit nicht weiter zu diskutieren. (3. Januar 2020). Li Wenliang stirbt am 6. Februar 2020 an der neuen Lungenkrankheit.*

Eine ähnlich nüchterne Darstellung der Auswirkungen der Cholera in Paris im Jahr 1832, wie die obige Wiedergabe der aktuellen Entwicklung der Corona-Infektionen in

Wuhan, ist nicht zu erwarten, wenn Heinrich Heine als Autor berichtet.

Ein Blick auf die literarische Arbeit Heines zeigt, dass er in den „Französischen Zuständen" keineswegs objektiv als neutraler Berichterstatter agiert.

Heine beschreibt Stimmungen, auch seine eigenen, und schildert häufig weniger die Realität, sondern erzählt eher von emotional geprägten Eindrücken. Schon bei der Einleitung zu seiner Darstellung über die Cholera vermerkt Heine: „Ich wurde in dieser Arbeit viel gestört, zumeist durch das grauenhafte Schreien meines Nachbars, welcher an der Cholera starb." Er sei sich „zwar nicht bewußt, die mindeste Unruhe empfunden zu haben, aber es ist doch sehr störsam, wenn einem beständig das Sichelwetzen des Todes allzuvernehmbar ans Ohr klingt." Die Einführung zielt auf Emotionen der Leser, die die grauenhafte Situation nachvollziehen sollen. Das „Sichelwetzen des Todes" ist ein sprachliches Meisterstück, das eine gewisse Schockwirkung in der Vorstellung der Leser hervorrufen dürfte, wenn sie sich ausmalen, wie der Tod mit abscheulichem Geräusch sein Werkzeug schärft.

Trotz der emotionalen Passagen seiner Berichte nimmt Heine für sich in Anspruch, eine objektive Darstellung der Cholera-Epidemie zu übermitteln. „Die folgende Mittheilung", schreibt er, „hat vielleicht das Verdienst, daß sie gleichsam ein Bülletin ist, welches auf dem Schlacht-felde selbst, und zwar während der Schlacht, geschrieben worden, und daher unverfälscht die Farbe des Augenblicks trägt."

Heine selbst bescheinigt sich die nötige „Gemüthsru-he", um über die „Geschichte der Zeit", die Cholera, zu be-richten. Vom „Schlachtfelde selbst" berichtet Heine nicht, sondern er lässt sich drei Wochen Zeit, bevor er mit Datum vom 19. April 1832 die Ereignisse der ersten Wochen der Epidemie zu Papier bringt.

„Ihre Ankunft war den 29. März offiziell bekannt ge-macht worden, und da dies der Tag des *Demi Carême*[12] und das Wetter sonnig und lieblich war, so tummelten sich die Pariser um so lustiger auf den Boulevards, wo man sogar Masken erblickte, die, in karrikierter Mißfarbigkeit und Ungestalt, die Furcht vor der Cholera und die Krankheit selbst verspotteten."

„Le Moniteur universel" informiert die Leser am 29. März 1832, dass einige Vorfälle am 27. und 28. März An-lass dazu geben anzunehmen, die krampfartige Cholera habe sich in Paris ausgebreitet. Die Zeitung beruhigt die Bevölkerung aber sofort mit der Information, es seien Schritte unternommen worden, die Fakten festzustellen. Im Übrigen gelten Sauberkeit, gesunde Ernährung, der Verzicht auf starke alkoholische Getränke und jegliche Exzesse als beste Vorsorge.

Das Corona-Virus breitet sich aus, weltweit, es kann zu einer Pandemie kommen, aber für uns in Deutschland ist das Risiko gering.

Das Robert Koch-Institut (RKI), die zentrale Forschungseinrichtung der Bundesrepublik Deutschland zur Beobachtung von Krankheiten und Gesundheitsgefahren, meldet am 13. Februar 2020, sechzehn Tage zuvor, am 28. Januar 2020, sei in Deutschland ein erster Fall einer Infektion mit dem „neuartigen Coronavirus SARS-CoV-2 laborbestätigt" worden. Inzwischen seien 16 Fälle einer Infektion bekannt, schreibt das RKI in seinem „Epidemiologischen Bulletin" 7/2020.[13]

Kenntnisse über die Eigenschaften des Virus, beispielsweise die Ansteckungsfähigkeit (Infektiosität), die Zeitdauer, bis nach einer Ansteckung bei Infizierten Symptome erkennbar sind (Inkubationszeit) oder wie lange Erkrankte Viren ausscheiden seien nicht vorhanden. Allerdings sei das „Risiko für die Bevölkerung in Deutschland aktuell noch als gering" einzuschätzen. Wie das RKI zu dieser Beurteilung kommt, ist nicht nachvollziehbar, da das „Epidemiologische Bulletin" auch berichtet, das Coronavirus breite sich in China, dem Land, in dem das Virus SARS-CoV-2 zuerst festgestellt worden ist, weiter aus, und die globale Entwicklung lege es nahe, „dass es zu einer weltweiten Ausbreitung des Virus im Sinne einer Pandemie kommen kann."

Die „Tagesschau" eröffnet die Sendung am 22. Januar 2020 um 20 Uhr mit der Meldung „In China werden immer mehr Fälle von Erkrankungen durch das neue Coronavirus bekannt. (...) Die Weltgesundheitsorganisation in Genf berät in einer Krisensitzung über die Lage." Im darauf folgenden Filmbericht heißt es: „Die Lage ist ernst." Filme und Grafiken verdeutlichen die internationale Ausbreitung des Virus, das zum ersten Mal, laut „Tagesschau", auf einem Fischmarkt in der chinesischen Millionenstadt Wuhan in der Provinz Hubei aufgetreten sei. Der Beitrag über das Coronavirus ist mit 3:50 Minuten relativ ausführlich; er endet mit der Einschätzung des RKI, das Risiko sei gering.

Das Publikum wird diesen Beitrag achselzuckend zur Kenntnis genommen haben.

Heinrich Heine notiert, die öffentlichen Hinweise und Mahnungen zur Vermeidung der Krankheit würden nicht ernst genommen.

„Desselben Abends waren die Redouten besuchter als jemals; übermüthiges Gelächter überjauchzte fast die lauteste Musik, man erhitzte sich beim *Chahût*[14], einem nicht sehr zweideutigen Tanze, man schluckte dabei allerlei Eis und sonstiges kaltes Getrinke: als plötzlich der lustigste der Arlequine eine allzu große Kühle in den Beinen verspürte, und die Maske abnahm, und zu aller Welt Verwunderung ein veilchenblaues Gesicht zum Vorschein kam. Man merkte bald, daß solches kein Spaß sei, und das Gelächter verstummte, und mehrere Wagen voll Menschen fuhr man von der Redoute gleich nach dem Hotel-Dieu, dem Centralhospitale, wo sie, in ihren abenteuerlichen Maskenkleidern anlangend, gleich verschieden."

In Düsseldorf erfreuen sich die vielen Tausend feiernden Karnevalisten am 24. Februar 2020 beim Rosenmontagszug an den Themenwagen, die an den Feiernden vorbeifahren. Ein blau-buntes lachendes „Carnevals-Virus" aus Pappmachée auf einem der Themenwagen macht einem gelb-grünen, grimmig blickenden „Corona-Virus", ebenfalls aus Pappmachée, eine lange Nase. Dem närrischen Frohsinn sind keine Grenzen gesetzt, jubelnd, trotz Regens, begrüßen die munteren Karnevalisten diesen geistesblitzenden Einfall rheinischen Humors in Zeiten der Pandemie.

Wichtig ist:"Die Karnevalisten bezogen klar Position gegen rechts", vermittelt der Westdeutsche Rundfunk auf seiner Webseite. "Kamelle gegen Rechts: Rosenmontag in Düsseldorf und Köln" lautet der Titel des WDR-Berichts, der auch die Zahl der Feiernden nennt: Eineinhalb Millionen Jecken in Köln und Düsseldorf. Das Bild des Karnevalwagens mit den Pappmachée-Viren kommentiert der WDR mit einem speziellen Sinn für Humor so:"Jeck ist härter". Die Belustigungen der Einfaltspinsel im Karneval finden angemessene Resonanz im öffentlich-rechtlichen Fernsehen.

"Direkt aus dem dpa-newskanal", also - wie so häufig - unter Verzicht auf den Versuch eigener journalistischer Arbeit, berichtet die "Süddeutsche Zeitung" am 28. Februar 2020, vier Tage nach dem Rosenmontag, es befänden sich schätzungsweise 1000 Menschen im Kreis Heinsberg, dem westlichsten Kreis in Deutschland im Regierungsbezirk Köln, in häuslicher Quarantäne. Ein 100-köpfiger Krisenstab kämpfe gegen die Ausbreitung des neuartigen Coronavirus. Auf einer Karnevalsveranstaltung am 15. Februar 2020, einer "Kappensitzung", könnten sich etwa 400 Personen infiziert haben.[15]

„Lustig, wie sie gelebt haben, liegen sie auch
lustig im Grabe. "

„Da man in der ersten Bestürzung an Ansteckung glaubte, und die älteren Gäste des Hotel-Dieu ein gräßliches Angstgeschrei erhoben, so sind jene Todten, wie man sagt, so schnell beerdigt worden, daß man ihnen nicht einmal die buntscheckigen Narrenkleider auszog, und lustig, wie sie gelebt haben, liegen sie auch lustig im Grabe."

Die „Allgemeine Zeitung" meldet am 5. April 1832: „Der erste nach dem Hotel Dieu am 27. März gebrachte Kranke hieß Fouquetti. Nach ihm wurden 10 andere Kranke gebracht; sie boten dieselben Symptome dar. Um halb 4 Uhr Morgens am 29. waren von den elf aufgenommenen Kranken drei unterlegen, ein vierter war am Tode."

Das „Centralhospital" Hôtel-Dieu in Paris, etwa 1867,
10 Jahre vor dem Abriss.
Foto von Charles Marville (1813-1879), Wikimedia
Commons, Public Domain.

Von der Balustrade der Kathedrale Notre Dame sehen
die Chimèren auf das Hospital herab.

Als bekannt wird, dass die Cholera im Herbst 1831 in
Polen, Preußen und Wien ausgebrochen ist, sind die Pariser
beunruhigt, stellt Franz Ritter von Heintl, österreichischer
Nationalökonom, fest. Er schreibt im Oktober 1831 in Paris: „Die vielen Schriften, welche über die Cholera gedruckt und ausgetheilt worden sind, (…) haben eine er-

staunliche Angst unter den Menschen verbreitet. Sie ist mehr als die Pest gefürchtet."[16] Als die Cholera noch weit entfernt gewesen ist, hätten die Pariser sie nicht für ansteckend und gefährlich gehalten, „jetzt, nachdem die Cholera vor der Thüre ist, fängt eine große Angst an bemerkbar zu werden."

Es sieht für Paris nicht gut aus, befürchtet von Heintl: „Von Seite der Regierung und der Stadt Paris sehe ich noch gar keine Vorbereitung (…). Der hiesige Pöbel ist so unwissend, wie anderwärts, nur noch dazu an Unfolgsamkeit gegen die Aufträge der Vorgesetzten, an Aufstand und Tumult gewohnt." Der Regierung fehle die Kraft, Volksaufstände und Ausschweifungen zu hindern.

Von Heintl, der zahlreiche Bücher im Eigenverlag über die Landwirtschaft geschrieben hat, ahnt: „Kommt die Cholera nach Paris, wie nun fast nicht mehr zu zweifeln ist; so werden hier große Unordnungen statt finden, welche die persönliche Sicherheit gefährden, und es ist besonders den Fremden rathsam machen bei Zeiten sich zu entfernen."

Von Heintl entfernt sich „bei Zeiten" und kehrt vor Ausbruch der Cholera nach Wien zurück.

Von Heintls Behauptung, die Regierung und die Stadt Paris hätten keine Vorbereitungen zur Bekämpfung der Cholera getroffen, entspricht keineswegs den Tatsachen.

Die französischen Gazetten, so „Le Moniteur universel" oder die „Gazette de France" (30. und 31. März 1832), berichten unter der Überschrift „Choléra-Morbus" ausführlich über die sofort nach Kenntnis des Ausbruchs der Cholera angeordneten Maßnahmen zur Eindämmung der Epidemie, die die zentrale Gesundheitskommission (Commission centrale de salubrité) zusammen mit dem Wirtschaftsminister und den Präfekten in die Wege leiten.

So werden beispielsweise in jedem Pariser Quartier Fürsorgestellen eingerichtet, die den an der Cholera Erkrankten zu jeder Zeit sofortige Hilfe entsprechend ihrem Zustand leisten sollen, sei es, dass sie ins Krankenhaus transportiert werden müssen, oder sei es, dass ihnen zu Hause geholfen wird. Alle Mediziner und Apotheker im jeweiligen Quartier sind angehalten, in den Fürsorgestellen ihren Dienst anzubieten. Ausreichende Transportkapazitäten für den Transport in die Krankenhäuser werden bereitgestellt. In den Hospitalen ist jeweils ein Krankensaal für Cholera-Kranke freizuhalten. Für Notfälle stellt der Generalconseil des Departements Seine schon zu Beginn des April 500.000 Franken zur Verfügung, damit in der Vorstadt St. Antoine und im Seminarium St. Sulpice temporäre Cholerahospitäler errichtet werden.[17] Die Pairskammer (Oberhaus) und die Abgeordnetenkammer des Parlaments bewilligen der Regierung einen Kredit in Höhe von 2 Millionen Franken zur Unterstützung der Cholerakranken.

Jeder Cholera-Fall ist sofort der Polizei-Präfektur zu melden. Dazu muß ein in der Fürsorgestelle bereit liegendes Formular ausgefüllt und in einen stündlich zu leerenden Briefkasten an der Tür der Fürsorgestelle eingeworfen werden. Die Hauseigentümer werden verpflichtet, jeden Cholera-Fall in ihren Häusern sofort zu melden.

In Deutschland kann nur sehr eingeschränkt abgeschätzt werden, welche Kapazitäten in den Krankenhäusern zur Verfügung stehen, um Patienten intensiv zu betreuen, unabhängig davon, ob sie an Covid-19 oder anderen Krankheiten leiden. Bis Mitte März 2020 gibt es keine zentralen Daten über die Intensivbetten, sagt die Bundesregierung. Seit April 2020 wird ein zentrales Register über Intensivbetten geführt (DIVI-Register in Zusammenarbeit mit dem Robert Koch-Institut).[18] Monatelang, bis Ende Juli 2020, ist die Zahl der im ganzen Land vorhandenen Intensivbetten (rund 30.000) nahezu gleich hoch. Ab August 2020 weist das DIVI-Register zusätzlich etwa 10.000 bis 11.000 Betten als Notfallreserve aus. Insgesamt sind also etwa 41.000 Betten vorhanden.

Die Zahl der Intensivbetten nimmt jedoch ab August 2020 deutlich ab. Im April 2021 sind nur noch rund 34.000 Betten dokumentiert. Es fehlen also rund 7.000 Betten.

Warum diese Betten zur Intensivbetreuung kranker Patienten nicht mehr vorhanden sind, bleibt unklar. Die Bundesregierung stellt dazu in der Antwort auf eine Kleine Anfrage (Drucksache 19/24525 vom 20. November 2020) lapidar fest: „Der Bundesregierung ist ein Abbau von Intensivbetten nicht bekannt."[19]

Dabei wäre es doch ganz einfach, den Präsidenten des Robert Koch-Instituts zu fragen. Der Chef des Präsidenten ist der Bundesgesundheitsminister, und er könnte doch seinen Mitarbeiter fragen? Oder aber, die Bundesregierung sieht sich das öffentlich zugängliche DIVI-Intensivregister an, dem ich diese Zahlen entnommen habe.

Übrigens: In der Zeit von April 2020 bis zum April 2021 sind konstant immer 20.000 Betten belegt, unabhängig von aktuellen Virus-Erkrankungen.

Für den Fall einer Epidemie, noch sind Ende März 1832 ja nur sehr wenige Menschen an der Cholera erkrankt, vorsorglich also, veranlasst die Pariser Verwaltung, 40.000 Exemplare mit leicht verständlichen Instruktionen zu drucken, damit die Menschen erste Hilfe bei einer Cholera-Erkrankung leisten können. Diese Instruktionen werden in Plakaten und in den Zeitungen öffentlich bekannt gemacht.

Zahlreiche „Instructions Populaires" im Land informieren die Bevölkerung, dass die Cholera zwar eine ernste Krankheit sei, niemand jedoch Angst vor ihr haben müsse. Die Cholera sei nicht ansteckend und größte Sauberkeit für die Menschen selber und ihre Wohnungen sei erforderlich zur Eindämmung der Epidemie. Im Einzelnen werden die Menschen ausführlich über eine geeignete Ernährung informiert und darüber, an welchen Symptomen die Krankheit erkennbar sei.

Die Cholera ist nicht ansteckend...

... und Warnungen vor dem Corona-Virus sind Verschwörungstheorien.

Der Bundesgesundheitsminister Jens Spahn alarmiert. „Spahn warnt vor Panikmache durch Fake-Videos", schreibt beispielsweise die „Berliner Morgenpost" am 29. Januar 2020. Falschmeldungen und Verschwörungstheorien wollen „uns in unserer Debatte, in der Gesellschaft zersetzen", weiß der Minister.

Einen Tag zuvor, am 28. Januar 2020 hat der Bundesgesundheitsminister im Deutschen Fernsehen („phoenix vor ort") erklärt, die Gefahr für die Gesundheit der Menschen in Deutschland durch die neue Atemwegserkrankung aus China bleibe weiterhin gering. Er ruft dann zur Gelassenheit auf, denn für „übertriebene Sorge" gebe es keinen Grund, aber „Verschwörungstheorien aller Art" beunruhigten ihn doch sehr. Spahn will daher Falschmeldungen zum Corona-Virus entgegenwirken, schreibt die „Zeit" am 2. Februar 2020. (Das Wochenblatt hat inzwischen - verständlicherweise - den Artikel gelöscht).

Einen Monat später meldet China 78.000 Infizierte und 2.500 Todesfälle durch das Corona-Virus, die italienische Regierung riegelt in Norditalien mehrere Dörfer zur Eindämmung der Epidemie ab, und die US-Seuchenschutzbehörde sieht eine „gewaltige Gefahr für die öffentliche Gesundheit." Das Robert Koch-Institut hingegen erklärt unverdrossen: „Die Gefahr für die deutsche Bevölkerung ist gering."

Nach einer weiteren Woche, inzwischen meldet das RKI in zehn Bundesländern Erkrankungen (150 nachgewiesene Fälle), international sind 64 Länder betroffen, jetzt ändert das RKI die Risikoeinschätzung gemachsam auf „mäßig".

Und am 11. März 2020, nach wochenlangem Schweigen, tritt die Bundeskanzlerin erstmals vor die Presse, sagt allerdings nichts Konkretes, sondern ruft zur Solidarität auf und dankt denjenigen, die durch den Einsatz gegen das Virus „sehr, sehr hart belastet sind."[20] Auf die Frage eines Journalisten in der Bundespressekonferenz, warum die Bundeskanzlerin sich erst jetzt zu Wort melde, antwortet sie: „Die Entscheidung darüber, wann ich wo etwas dazu sage, treffe ich nach den Umständen und den Sachverhalten."

Die „Umstände und Sachverhalte" sind offenbar nicht so gravierend, dass sich die Bundeskanzlerin veranlaßt sähe, sich eher zur Corona-Epidemie zu äußern. Eine Nachfrage zu dieser ungezogenen Antwort der Bundeskanzlerin gibt es nicht.

SORGLOSIGKEIT

Ein weiterer Zeitzeuge, Doctor C. Canstatt junior, schildert in Briefen an seinen Vater die Situation in Paris im Jahr 1832 in ähnlicher Weise wie Heinrich Heine.[21] Aus den Beschreibungen beider Autoren lässt sich jedoch eine unterschiedliche Einschätzung der durchaus ernsten Lage erkennen: Canstatt zeigt einen gewissen Fatalismus, Heine eine lustvolle Zuwendung zum Leben.

Heine bekundet schon Ende 1831, in seinen Schilderungen über „Französische Maler" seine Zuversicht: „Die diesjährige Ausstellung hat durch manches Bild jene unheimliche Todesfurcht abgewiesen und die bessere Verheißung bekundet. Der Erzbischof von Paris erwartet alles Heil von der Cholera, von dem Tode; ich erwarte es von der Freyheit, von dem Leben."

Canstatt junior schreibt: „Seit gestern (dem 27. März 1832, H.S.) ist, wie vom Himmel gefallen die Cholera hier ausgebrochen: Seit gestern 15 Erkrankungsfälle, wovon die Hälfte der Erkrankten gestorben ist: Sie ist constatiert: Ich habe heute Morgen schon 5 Kranke gesehen; es ist interessant: Dejektionen, Kälte der Extremitäten, Krämpfe, blaue Färbung der Hände, der Nasenspitze, der Ohren, der Lippen, mit Blut unterlaufene Augen, kalte Zunge, charakteristische Stimme, Schmerz in der Herzgrube, - kurz alles comme on le lit partout. (…) Die Krankheit ist in dem Seinequartier ausgebrochen; aber sie ist bei weitem nicht so grauenvoll, als man sich vorstellt; es ist eben eine Krankheit, wie jede andere auch, nur daß alles rascher vorläuft: in 12 - 17 Stunden sind die Leute todt."

Wenige Tage später, am 3. April 1832 schreibt Canstatt, dass zwar einige tausend Menschen an der Cholera litten und viele auch gestorben seien, aber trotz der epidemischen Entwicklung Gelassenheit angebracht sei.

„Ich habe diese Krankheit nun schon in Massa gesehen, sie wächst hier furchtbar schnell: in 6 Tagen sind gegen 1100 Menschen erkrankt, aber wohl dreimal so viel leiden an den Vorläufern der Krankheit. (…) So wie ich nun die Krankheit von Angesicht zu Angesicht sehe, bin ich unser aller wegen vollkommen ruhig geworden; das ist mir vollkommene Gewißheit, daß wir, die wir geregelt leben, auf uns aufmerksam sind, und nicht saumselig die ärztliche Hilfe vernachlässigen, auch nicht das Mindeste zu fürchten haben. Alle tödlichen Fälle sind hier Folgen von Excessen, Elend und Vernachlässigung. (…) Die Epidemie ist hier im Wachsen; ich bin überzeugt, daß Paris eine ungeheure Menge Erkrankter zählen wird; sie wächst täglich um Hunderte, aber die Krankheit scheint mir hier im ganzen doch mild zu seyn. Troz der oft irrationellen Behandlung stirbt doch kaum ein Drittheil (bis jetzt)."

„Die Cholera hat überhaupt mehr in den Köpfen als in der Wirklichkeit existiert, und sie ist nicht so schlimm, als sie von Weitem aussieht."

Ein anderer Zeitzeuge, Alexander Braun, berichtet am 29. März 1832, er fürchte sich nicht vor der Cholera. „Die Krankheit scheint nicht bedeutend aufzutreten, es sind gestern und heute nur einige 30 Menschen erkrankt." Und am 11. April schreibt Braun an seinen Vater, von der Cholera sei „gegenwärtig keine Rede mehr (sie hat überhaupt mehr in den Köpfen als in der Wirklichkeit existiert) und die Cholera ist nicht so schlimm, als sie von Weitem aussieht; wenn man die große Zahl von Erkrankungen und Todesfällen im Bruche von einer Million Einwohner betrachtet, so erschrecken sie auch nicht mehr so."[22]

In China, wo in der Stadt Wuhan das Corona-Virus zum ersten Mal entdeckt worden ist, sind bereits hunderte Menschen an der Lungenkrankheit Covid-19 gestorben. Der Gesundheitsminister der Bundesrepublik Deutschland erkennt im Januar 2020 keine Probleme. „Grundsätzlich sind wir wachsam, wir nehmen die Dinge sehr ernst, wir

sind aber auch gut vorbereitet", erklärt Gesundheitsminis-
ter Spahn. Zudem sei der Krankheitsverlauf beim Corona-
virus milder als etwa bei einer Grippe.[23] *„Die Folgen von*
Angst können größer sein als die des Virus selbst. (...) Mit
einem kühlen Kopf können wir Herausforderungen am bes-
ten bewältigen", beschwichtigt der Minister auch am 4.
März 2020 im Deutschen Bundestag. Sogar 9 Millionen
influenzabedingte Arztbesuche während der Grippewelle
2017/2018 habe das Gesundheitssystem in Deutschland
bewältigt.[24]

Im Unterschied zu der legeren Haltung des Bundesge-
sundheitsministers, der die Folgen des Corona-Virus ge-
ringer einschätzt als die Angst vor dem Virus, handeln die
Pariser Verantwortlichen deutlich zielgerichteter, aller-
dings nicht alle.

In seiner Inaugural-Abhandlung „Die Cholera in Paris" schreibt Eduart Burkart im Jahr 1835: „Der Ausbruch
der Cholera in Polen, Russland, später in Oesterreich,
Preussen und England, veranlasste die französische Regierung, da diese exotische Krankheit immer näher rückte,
ihre Verheerungen ganz grässlich wurden, Aerzte an Ort
und Stelle zu schicken, um das Wesen und die Behandlung
etc. dieser Krankheit zu studieren; diese berichteten an die
Académie des sciences et de Medecine."[25] Im Sommer und

im Herbst 1831 werden in den Akademien fast ausschließlich Choleraberichte vorgetragen.

Das langweilt manche Akademiemitglieder jedoch bald, und so beschließen sie, keine Choleraberichte mehr zur Kenntnis zu nehmen. „Ja, es wurde hierin so gewissenhaft verfahren, dass bei der Eröffnung der Briefe in den Sitzungen, sobald nur das Wort ‚Cholera' dem Sekretair erblickbar war, der Brief ungelesen bei Seite gelegt wurde." Anstatt sich auf die Erfahrungen im Ausland zu stützen, entwickeln die Pariser Hospitalärzte eigene Ideen zur Behandlung der Krankheit, von deren Unfehlbarkeit sie überzeugt sind. „Frankreichs hoch gediehene Civilisation" würde im Übrigen der Verbreitung der Krankheit entgegenstehen.

„Erbärmlichkeit unserer Debatten", heißt es in Paris, „Erbärmlichkeit unserer Debatten" hätte es auch in Deutschland heißen müssen.

Im Deutschen Bundestag interessiert das Thema „Coronavirus" die Abgeordneten am 12,. Februar 2020 nur am Rande. 51 Abgeordnete, davon 14 aus der AfD, hören sich die Rede des Bundesministers für Gesundheit zum Thema

„Strategie zur Vorbeugung gegen das Corona-Virus in Deutschland" an. 658 Abgeordnete dagegen haben anderes zu tun, als sich mit dem Thema „Coronavirus" zu befassen. Sie sind nicht im Plenarsaal und vermutlich mit wichtigeren Dingen beschäftigt. (Zur Erinnerung: In der Pariser Medizin- und Wissenschaftsakademie galt: „Sobald nur das Wort ‚Cholera' dem Sekretair erblickbar war, der Brief ungelesen beiseite gelegt wurde.")

Auch die Minister der Bundesregierung machen sich rar, lediglich der Bundesminister für Gesundheit folgt anfangs der Debatte. Die Zuschauerplätze sind gut besetzt, unter anderem von Mitgliedern eines Karnevalvereins, die in buntem Ornat mit neckischen rot-weißen Zipfelmützen der Sitzung beiwohnen. Im Verlauf der Bundestagsdebatte finden noch weitere Karnevalisten den Weg zur Zuschauertribüne, grün-weiße Zipfelmützen schmücken die jetzt Hinzugekommenen.

Jens Spahn wiederholt im Bundestag seine immer wieder vorgebrachten Anmerkungen aus den vergangenen Wochen: „Wir" sind wachsam, „wir" sind aufmerksam, „wir" sind gut vorbereitet, weist allerdings auch darauf hin, dass die Entwicklung in den nächsten Wochen und Monaten noch nicht vorhersehbar sei.

Der „Messager des Chambres" (eine französische Tageszeitung, H.S.) werfe der Administration Sorglosigkeit vor, schreibt die Zeitung der „Oesterreichische Beobachter" unter dem Datum des 27. April. Den „Messager" zitierend heißt es: „Die Cholera war bekannt, erwartet, befürchtet. Seit länger als einem Jahre schon verheert sie Europa. Unaufhaltsam zog sie von Osten nach Westen. Man sah sie in Moskau, Petersburg, Berlin, Prag, Wien, London. Wir waren hinlänglich gewarnt und bedroht. Und doch, welche Maaßregeln wurden gegen sie ergriffen? Was helfen die Reglements, was dieser ganze Lärm von Worten, von öffentlichen Anschlägen, wenn ihnen die That nicht entspricht? (…) Die Cholera war in der Stadt, sie durchlief alle Quartiere, raffte Männer, Weiber, Kinder weg, anfangs 10, dann 50, dann 100, dann 500, endlich 1200 täglich; sie starben hin wie die Mücken, ohne daß irgend etwas bereit gewesen wäre."

Und weiter geht es mit den Vorwürfen, die Administration täte nichts zur Bewältigung der Krise. Statt dessen würden „Ausschlußgesetze gegen Könige erlassen, die längst verjagt waren", gegen die Bourbonen, über die Ehescheidung würde debattiert, nicht aber über die wirklichen Interessen: „Erbärmlichkeit unserer Debatten!"[26]

*Die Abgeordneten des Deutschen Bundestags doku-
mentieren im Jahr 2020 die „Erbärmlichkeit unserer Debatten" angesichts einer drohenden Epidemie durch Corona-Viren.*

*Die Tagesordnung der 148. Sitzung des Deutschen
Bundestages am 4. März 2020 sieht neben der Regierungs-
erklärung durch den Bundesminister für Gesundheit zur
Bekämpfung des Coronavirus vor allem nachrangige Themen vor, unter anderem: Kassenbonpflicht abschaffen, Be-
ratung über ein Gesetz zur Stärkung des Leistungsprinzips
in der Versorgung von Bundesministern, Schutz von Sport-
stätten durch Ausnahme- und Übergangsregelungen für
Kunstrasenplätze bei einem EU-Verbot, Keine Kriminali-
sierung von Spielzeugen nach dem Waffenrechtsänderungs-
gesetz, Einführung eines Mobilpasses für eine attraktive,
ökologische, bezahlbare Mobilität von morgen, Landwirt-
schaftliche Familienbetriebe vor den Folgen einer Ände-
rung der Düngeverordnung schützen.*

*Der Bundesminister für Gesundheit Jens Spahn lobt,
es sei in Deutschland „über Wochen hinweg gelungen, eine
Ausbreitung (des Coronavirus) zu verhindern." „Unter
Beifall der CDU/CSU, der SPD, der FDP und dem Bündnis
90/Die Grünen sowie bei Abgeordneten der Linken" (Bun-
destagsprotokoll) ruft Spahn dazu auf: „Strafen Sie diejenigen, die versuchen, Angst und Falschmeldungen zu verbreiten, mit Nichtbeachtung." Und Spahn ergänzt: „Man-*

che wollen auch einfach Misstrauen gegenüber unseren Institutionen schüren oder Stimmung machen, um politisch zu profitieren."

Für die größte Oppositionsfraktion im Deutschen Bundestag, die AfD, bemängelt die Fraktionsvorsitzende Alice Weidel an diesem 4. März 2020, die Regierung habe keine Maßnahmen zur Sicherung der Versorgung mit Schutzausrüstung getroffen und der Bundesgesundheitsminister verstecke sich hinter der Facheinschätzung, Wasser und Seife genügten zur Bewältigung der Krise.

Mit Kommentaren wie: „Müssen Sie aus allem politisches Kapital schlagen?", „Sie haben sich heute mal wieder disqualifiziert!", „So ein Schmarrn!", begleiten Abgeordnete der anderen Fraktionen die Rede Weidels. Hoch geht es her, mit Kreischen und Johlen, als Weidel die Schließung der Außengrenzen Deutschlands fordert.

Diese Forderung muss ins Leere laufen, weil Bundeskanzlerin Merkel trotz des ungehinderten Zustroms von Migranten im Jahr 2015 verhindert hat, die Grenzen zu schließen. Die deutschen Grenzen ließen sich nicht schließen, ist die kategorische Feststellung der Bundeskanzlerin. Daher können auch jetzt, eine zweifelhafte Logik bedingt es, Grenzen nicht geschlossen werden. Der Abgeordnete Anton Hofreiter (Bündnis 90/Die Grünen) belustigt die Abgeordneten seiner Couleur und seines Geistes mit dem flachköpfigen Zwischenruf an Alice Weidel: „Sie müssen froh sein, dass man Sie über die Grenze gelassen hat!" Hofreiter offenbart ein erschreckendes Niveau, seine Gesinnungsgenossen zeigen sich begeistert. Dieser Mann, promoviert, ist einer der Vorsitzenden der Bundestagsfraktion Bündnis 90/Die Grünen. Der Abgeordnete Hofreiter zeigt ein erbärmliches Niveau, erbärmliche Abgeordnete sind entzückt.

Alice Weidel beendet ihre Rede mit dem Hinweis, es bestehe eine echte Krise. Diese lasse sich nicht mit Beschwichtigungssprüchen wegschwätzen, wie: „Wir sind gut vorbereitet." Weidel fragt und antwortet:„Wo bleibt die Strategie? Ich sehe überhaupt keine! Wachen Sie auf!"

Diese Sitzung des Deutschen Bundestages dokumentiert die Dummheit und Sorglosigkeit der Regierung und breiter Kreise der Parlamentarier.

Wer mahnt, wird diffamiert. Es geht nicht um wissenschaftliche Erkenntnisse, nicht um die anfangs hunderte, dann tausende Toten in China, nicht um Sachfragen, es geht nur darum, den Kampf gegen „Rechts" zu führen und diejenigen zu verleumden, die versuchen, sich sachlich mit Argumenten auseinanderzusetzen. Flache Köpfe bestimmen die Verhältnisse.

Auch in Paris werden diejenigen verleumdet, die den offiziellen Verlautbarungen keinen Glauben schenken. Der „Oesterreichische Beobachter" zitiert am 10. April 1832 aus einem „Circularschreiben" des Pariser Erzbischofs: „Während alle frommen und rechtlichen Leute an Hingebung und Eifer mit einander wetteifern, um unseren leidenden Brüdern zu Hilfe zu kommen, gibt es leider einige Individuen, die sich nicht entblöden, schwarze und gehässige Verläumdungen zu verbreiten." Priester, Ärzte und barmherzige Schwestern seien „zur Zielscheibe der lügenhaftesten wie der abscheulichsten Beschuldigungen geworden."[27] Allerdings verzichten der Erzbischof und die Zeitung auf die Nennung der „lügenhaftesten" und „abscheulichsten Beschuldigungen".

Kontroverse Erörterungen der Lage sind schädlich. Es ist wichtig, alles klaglos hinzunehmen, was die Herrschenden anordnen.

Der „Oestereichische Beobachter" druckt in der selben Ausgabe auch Teile eines Artikels der „Gazette de France" ab, der verdeutlicht, wie jegliche kontroverse Erörterung der Lage als schädlich angesehen wird.

„In unseren traurigen Umständen wird das Gemüth noch auf moralische Weise betrübt. Mitten unter blutigen Auftritten in unserer trostlosen Lage, wo eine furchtsame Leichtgläubigkeit das Volk zu Excessen hinreist, klagt die Regierung die Parteien an, und diese die Regierung. Während dieses Streites wird das Volk meuterisch, und ohne zu unterscheiden, wer Recht und Unrecht hat, vergreift es sich am ersten Besten, den es für seinen Feind hält. Nun werfen die Parteien dem Volke seine Unwissenheit vor; diese Bevölkerung, vor Kurzem noch so erhaben, ist ohne Urtheilskraft, bereit Alles zu glauben."

Und weiter: „Das Volk ist, was man aus ihm macht, je nachdem man seine gute oder schlechte Gesinnung aufregt. Wie will man denn verlangen, daß es mit einem Schlage seine ganze Erziehung anders mache, daß es plötzlich einsichtsvoll, aufgeklärt und den Lehren der Weisheit zugänglich sei, nachdem man es mit den plumpsten Lügen und Abgeschmacktheiten so lange abgespeist hat? (…) Es ist eine Raserei, die den geradesten Verstand auf Abwege führt, und die hellste Einsicht verdunkelt. Und wir sind erst am Anfang! Was steht uns bevor, wenn die Krankheit sich vielleicht bald über einen großen Theil Frankreichs verbreitet? Mögen doch die Parteien Frieden machen."

Jetzt, fast 190 Jahre nach der Cholera-Epidemie in Paris, tun die Deutschen gut daran, alles klaglos hinzunehmen, was die Administration anordnet. Eine breite Mehrheit akzeptiert jede Volte der Regierung, sei sie auch noch so kraus.

Der stellvertretende Chefredakteur der „Welt", Robin Alexander, fasst in der Zeitung vom 18. März 2020 das Glück der Deutschen zusammen: Es bewähre sich, schreibt der Autor, „was die Bundesrepublik immer stark gemacht hat: eine breite politische Mitte, die in der Lage ist, pragmatisch zu handeln, Differenzen zurückzustellen und zusammenzuarbeiten."[28] Im Übrigen müsse „jedes Mittel genutzt werden, damit auch der Letzte versteht, was die Stunde geschlagen hat. (...) Wer jetzt noch die Gefahr relativiert und staatliches Handeln als Aktionismus abtut oder als Schielen auf politischen Geländegewinn diffamiert, handelt verantwortungslos."

Kritik an der Regierung ist also verantwortungslos. Es zeige sich, wer Ideologe ist: „Alle, die auch in der Krise einfach alte Steckenpferde weiter reiten. (...) Wer die richtige Schließung der Grenzen in Zeiten von Corona mit einem Triumphgeheul begleitet und dem Hinweis, damit sei ein zentrales Mantra von 2015 widerlegt, kommuniziert verantwortungslos."

Am 14. März 2020 verbreitet das Bundesministerium für Gesundheit diese Meldung voller Ausrufungszeichen und Großbuchstaben, garniert mit einem Video: „!Achtung Fake News! Es wird behauptet und rasch verbreitet, das Bundesministerium für Gesundheit / die Bundesregierung würde bald massive weitere Einschränkungen des öffentlichen Lebens ankündigen. Das stimmt NICHT! Bitte helfen Sie mit, ihre Verbreitung zu stoppen." Im Video heißt es, unter dramatischer Musikbelästigung, weiterhin: „Diese und ähnliche FALSCHINFORMATIONEN verunsichern gerade viele Bürgerinnen und Bürger. (...) Lassen Sie uns gerade jetzt besonnen bleiben und einander auch unter Stress VERTRAUEN."29

Wer vertraut, ist der Dumme: Zwei Tage später, am 16. März 2020, erfahren die Bürger von der Bundesregierung, dass die Bundesregierung und die Regierungschefs der Bundesländer massive Einschränkungen des sozialen Lebens beschlossen haben. Theater, Konzerthäuser, Kinos, Ausstellungen, Spielplätze werden geschlossen, Gemeinschaftssport und Kirchenbesuche werden untersagt, Universitäten, Schulen und Kindergärten sowie Altenheime dürfen nur noch eingeschränkt besucht werden und sind für Risikopersonen tabu.30

In lässlicher Abweichung des Ausspruchs Walter Ulbrichts, des Vorsitzenden des Staatsrates der DDR, auf einer Pressekonferenz am 15. Juni 1961, niemand habe die

Absicht, eine Mauer zu errichten, hätte Spahn auch sagen können: „Niemand hat die Absicht, die Freiheit der Bürger einzuschränken." Ulbricht hat zwei Monate gewartet, bis er die die Bürger mit der Errichtung der Berliner Mauer hat einsperren lassen, die Bundesregierung ist schneller, bereits nach zwei Tagen verkündet die Staatsmacht, die Bürger ein- oder auszusperren.

UNRUHE IN FRANKREICH, RUHE IN DEUTSCHLAND

Zwar legt die staatliche französische Strategie Grundsätze zur Bekämpfung der Krankheit fest, aber dennoch entwickeln zahlreiche Ärzte ihre eigenen Behandlungsmethoden. Dabei lassen sich auch gute Geschäfte an.

Krisengewinnler gibt es in Paris ...

... und in Deutschland.

„Vorträge wurden gehalten", schreibt Eduart Burkart in seiner Inaugural-Abhandlung, „Brochuren erschienen, und so hatte nun jeder Arzt seine Meinung über die Natur und Behandlung der Cholera ausgesprochen; das medizinische und nicht ärztliche Publikum las sie mit Begierde. Die angepriesenen Präservatif und Heilmittel wurden angeschafft, und man trat nicht selten in Häuser, die Pharmacien glichen; die Gewinnsucht elender Betrüger, die das leichtgläubige Publikum ordentlich zu schröpfen wussten, vermehrte noch den häuslichen Arzneivorrath. Auf diese Weise bewaffnet, ward der arglistige Feind erwartet, festen Muthes, denn man mangelte nicht der Vorschriften und Präservatife."

Die „Gewinnsucht elender Betrüger" ist nicht zeittypisch auf das Paris der 1830er Jahre beschränkt, sie ist vielmehr allgegenwärtig, wie schon immer.

Die Überschriften einiger Berichte in den aktuellen Medien zeigen, zu welcher Kreativität die Gewinnsucht verhilft: „Betrugsverdacht bei Corona-Hilfen: Abschlagszahlungen gestoppt" (Bayerischer Rundfunk, 10. März 2021), und weiter: „Miese Betrugsmasche mit Corona-Impfstoff" (ZDF, 24. Dezember 2020), „Corona-Betrug: Polizei warnt vor Fake-Impfungen" (merkur.de, 5. Januar 2021), „Betrug mit Corona-Hilfen! Razzia in Kreuzberger Moschee" (BZ, 21. Oktober 2020), „Vorsicht vor Betrug mit Corona-Selbsttests im Internet" (Allgemeine Zeitung, 5. März 2021), „Millionenbetrug mit Masken aufgeklärt" (tagesschau.de, 24. September 2020), „Abgeordneter bezeichnet seine 250.000-Euro-Masken-Provision als ‚marktgerecht'" (Spiegel, 5. März 2021).

Die Gewinnsucht der Betrüger darf nicht verwundern, vor allem deshalb, weil jeder Betrüger davon ausgehen wird, gerade ihm würde man nicht auf die Spur kommen.

Vielleicht trifft diese Annahme für die meisten von ihnen auch tatsächlich zu. Wie viele Betrüger bei ihren Missetaten unentdeckt bleiben, weiß niemand.

Am 25. März 1832 werden im Hotel Dieu und im Militärhospital Gròs Caillon die ersten Cholerafälle registriert, allerdings äußern zahlreiche Ärzte Zweifel, ob es sich wirklich um Cholera handele. Eine Woche später liegen in sämtlichen Hospitälern Cholerakranke, und die Krankheit verbreitet sich schnell. Die Pariser, angesichts steigender Krankheitsfälle ohnehin verunsichert, geraten jetzt in einen Ausnahmezustand, bei dem der Volkszorn sich entfesselt.

„Mit der Cholera Hand in Hand geht hier in Paris eine enorme Volksaufregung", schreibt Doctor C. Canstatt junior weiter in seinen Briefen an seinen Vater. „Es sind Thatsachen erwiesen, daß Schurken, die wie man sagt, von den Karlisten gemiethet sind, neben der wirklichen Cholera noch eine künstliche dadurch erzeugen, daß sie den Wein, das Wasser, die Milch und das Fleisch vergiften. Gestern hat das Volk einen solchen Vergifter im Faubourg St. Antoine getödtet und zerrissen. Heute wurden 5 solcher Verbrecher, in Wägen vor der Wuth des Volkes durch die Begleitung von Karabinieren geschützt, vor meinem Fenster vorbeigebracht. - Ein Weinhändler wurde vom Volk gezwungen, seinen Wein selbst zu trinken, und starb auf der Stelle."

Über die Gerüchte, die Menschen stürben nicht an der Cholera, sondern an Gift, berichtet auch Heinrich Heine. Als „die Cholera noch immer nicht so wüthend um sich griff, wie gewisse Leute es wünschten, die bei jeder Volksnoth und Volksaufregung, wenn auch nicht den Sieg ihrer eigenen Sache, doch wenigstens den Untergang der jetzigen Regierung erhoffen, da vernahm man plötzlich das Gerücht: die vielen Menschen, die so rasch zur Erde bestattet würden, stürben nicht durch eine Krankheit, sondern durch Gift. Gift, hieß es, habe man in alle Lebensmittel zu streuen gewußt, auf den Gemüsemärkten, bei den Bäckern, bei den Fleischern, bei den Weinhändlern."

Der Polizeipräfekt erklärt, mit dem Gedanken, wie Heine vermutet, um von der Regierung jeglichen Argwohn abzuwenden, die Polizei sei den Giftmischern auf der Spur. Allerdings hat der Präfekt nicht bedacht, dass er mit seiner offiziellen Verkündung ausdrücklich bestätigt, dass nicht eine Pandemie, die Cholera, das Leiden der Bevölkerung verursache, sondern gewissenlose Elemente die Menschen bewusst vergifteten. Die Polizei habe die Lage also voll im Griff.

Heinrich Heine beschreibt, wie es nach dem Ausbruch der Cholera aussieht.

„Die armen Leute wagten weder zu essen noch zu trinken, und rangen die Hände vor Schmerz und Wuth. Es war als ob die Welt unterginge. Besonders an den Straßenecken, wo die rothangestrichenen Weinläden stehen, sammelten und beriethen sich die Gruppen, und dort war es meistens, wo man die Menschen, die verdächtig aussahen, durchsuchte, und wehe ihnen, wenn man irgend etwas Verdächtiges in ihren Taschen fand! Wie wilde Thiere, wie Rasende, fiel dann das Volk über sie her."

„An der Straße St. Denis hörte ich den altbekannten Ruf ‚à la lanterne!' und mit Wuth erzählten mir einige Stimmen, man hänge einen Giftmischer. Die Einen sagten, er sey ein Karlist, man habe ein brevêt de lys[31] in seiner Tasche gefunden; die Anderen sagten, es sey ein Priester, ein solcher sey Alles fähig."

„Auf der Straße Vaugirard, wo man zwei Menschen, die ein weißes Pulver bei sich gehabt, ermordete, sah ich einen dieser Unglücklichen, als er noch etwas röchelte, und eben die alten Weiber ihre Holzschuhe von den Füßen zogen und ihn damit so lange auf den Kopf schlugen, bis er todt war. Er war ganz nackt, und blutrünstig zerschlagen und zerquetscht; nicht blos die Kleider, sondern auch die Haare, die Scham, die Lippen und die Nase waren ihm abgerissen, und ein wüster Mensch band dem Leichname einen Strick um die Füße, und schleifte ihn damit durch die

Straße, während er beständig schrie: voilà le Cholera-morbus!"

Die Freiheit führt das Volk, in Paris. Nicht bei uns.

Heine beendet seine Schilderung des Volkszorns mit einer Szene, die, so könnte der Leser in Anbetracht der pittoresken Beschreibung denken, seiner Fantasie entsprungen ist, die jedoch, so Heines Versicherung, der Wahrheit entspreche: „Ein wunderschönes, wuthblasses Weibsbild mit entblößten Brüsten und blutbefleckten Händen stand dabei, und gab dem Leichname, als er ihr nahe kam, noch einen Tritt mit dem Fuße. Sie lachte, und bat mich, ihrem zärtlichen Handwerke einige Franks zu zollen, damit sie sich dafür ein schwarzes Trauerkleid kaufe; denn ihre Mutter sey vor einigen Stunden gestorben, an Gift."

Ob Heines Anmerkung, die geschilderte Szene sei wahr, Glauben geschenkt werden kann, darf bezweifelt werden, denn Assoziationen werden wach. Eine parallele Szene, wie Heine sie beschreibt, ist auf einem großen Gemälde dargestellt, das im Palais de Luxembourg in Paris ausgestellt ist. Heine kennt das Bild.

Ein „wunderschönes, wuthblasses Weibsbild mit entblößten Brüsten" ist die prägende Figur auf Eugène Delacroix' Gemälde „La Liberté guidant le peuple", das, 1830 gemalt, die Barrikadenkämpfe des 28. Juli 1830, des zweiten und blutigsten Tags der Französischen Julirevolution, darstellt. Die Göttin der Freiheit führt das Volk in die Schlacht um die Freiheit, in der rechten Hand die von den Bourbonen verbotene Trikolore hoch haltend, in der linken Hand umfasst sie ein Gewehr mit aufgepflanztem bedrohlich wirkenden Bajonett. Auf dem Kopf trägt La Liberté die Jakobinermütze, die als Ausdruck republikanischer Gesinnung gilt, aber auch die Schreckensherrschaft Maximilien de Robespierres während der Französischen Revolution 1789 und der folgenden Jahre symbolisiert.

Heine beschreibt das Gemälde in den „Französischen Zuständen": „Eine Volksgruppe während der Juliustage ist dargestellt, und in der Mitte, beinahe wie eine allegorische Figur, ragt hervor ein jugendliches Weib, mit einer roten phrygischen Mütze auf dem Haupte, eine Flinte in der einen Hand, und in der anderen eine dreifarbige Fahne. Sie schreitet dahin über Leichen, zum Kampfe auffordernd, entblößt bis zur Hüfte, ein schöner, ungestümer Leib, das Gesicht ein kühnes Profil, frecher Schmerz in den Zügen, eine seltsame Mischung von Phryne, Poissarde und Freiheitsgöttin."[32] Allerdings führt Heine den Leser mit den nächsten Sätzen von der Höhe der Göttin zu den Niederungen des Volkes: „Ich kann nicht umhin zu gestehen, diese Figur erinnert mich an jene peripathetischen Philosophinnen[33], an jene Schnellläuferinnen der Liebe oder Schnellliebende, die des Abends auf den Boulevards umherschwärmen."

Die dreitägige Revolution im Jahr 1830 hat zur endgültigen Vertreibung der Bourbonen und einem liberaleren Königreich mit dem Bürgerkönig Louis-Philippe I. geführt. Der optimistischen Sichtweise Delacroix´, dass die Freiheit durch das Volk erkämpft werden kann, folgt Heine offenbar nicht, denn sein „Weibsbild" wirkt eher machtlos, denn als erfolgreiche Revolutionärin.

Schnell beruhigen sich die Gemüter, als die „öffentlichen Blätter" berichten, die angeblich Vergifteten seien ganz natürlich an der herrschenden Seuche gestorben. „Das hiesige Volk, das, wie das Volk überall, rasch in Leidenschaft geratend, zu Gräueln verleitet werden kann, kehrt jedoch eben so rasch zur Milde zurück, und bereut mit rührendem Kummer seine Unthat, wenn es die Stimme der Besonnenheit vernimmt. Mit solcher Stimme haben die Journale gleich des andern Morgens das Volk zu beschwichtigen und zu besänftigen gewußt, und es mag als ein Triumph der Presse signalisiert werden, daß sie im Stande war, dem Unheile, welches die Polizei angerichtet, so schnell Einhalt zu thun. Rügen muß ich hier das Benehmen einiger Leute, die eben nicht zur untern Klasse gehören, und sich doch vom Unwillen so weit hinreißen ließen, daß sie die Partei der Karlisten öffentlich der Giftmischerei bezüchtigten.“

Heines Hinweis, die Journale hätten das Volk beschwichtigt und besänftigt, entspricht keineswegs der Realität. Im Gegenteil, die Zeitungen heizen aus offensichtlich politischen Gründen die Stimmung geradezu an.[34] Wie heute.

„Bild“, die Zeitung, die zwar häufig übertreibt, manchmal aber die Stimmung im Land treffend aufzeigt, „Bild“ vermittelt in der Ausgabe vom 29. Februar 2020 auf sieben Seiten, wie der Stand der Dinge ist, aber dabei Panik herbei schreibend. Die Überschrift auf der Titelseite gibt in Riesenbuchstaben die Richtung vor: „Wochenende im Bann von Corona“, wobei „Corona“ farbig hervorgehoben ist. Im Telegrammstil geht es dann weiter: „Weltgrößte Tourismusmesse in Berlin abgesagt +++ Konzerte, Fußballspiele auf der Kippe +++ Schon 57 Infizierte, Arzt in Hamburg erkrankt +++ Dax rauscht ab +++ Autogramm-Verbot für Bayern-Spieler +++ Erster Hund positiv getestet +++ WHO löst ‚Höchste Alarmstufe‘ aus +++ BILD sagt, was Sie jetzt beachten müssen +++ Seiten 2-7“.

Andere Gazetten sind nicht besser, gerieren sich jedoch seriöser. So titelt „Der Spiegel" am selben Tag in der Nummer 10: „WELT - VIRUS - KRISE"; „Focus" ist ganz schnell und zeigt schon am 1. Februar 2020 auf der Titelseite eine Gestalt vor verschwommenem, dunkelgrauen Hintergrund, männlich, mit dunkelrotem, bis zu den Knien reichenden Überhang, Helm, mit dunkelrotem Überzug, Kopfhörern, ABC-Atemschutzmaske, auf ein rotes Mobiltelefon blickend, dabei auf den Betrachter bedrohlich zuschreitend: „Der Ausbruch - Was Sie jetzt wissen müssen: Die wichtigsten Fragen und Antworten zum Coronavirus", lautet die Überschrift.

„Focus" schreckt auf: Bald werden wir alle, wie auf dem Titelbild ersichtlich, in Ganzkörper-Schutzanzügen mit ABC-Maske herumlaufen müssen.

Wer in Paris durch die „Seuchen"-Bekämp-
fung benachteiligt ist, unterwirft sich den wirt-
schaftlichen Einschränkungen nicht. Dort gibt
es eine „Emeute"[35], in Deutschland herrscht
obrigkeitsergebene Erstarrung.

Kurz nach dem Ausbruch der Cholera kommt es zu Unruhen, die von den sogenannten Chiffonniers ausgehen, Leuten, die ihren Lebensunterhalt mit dem Sammeln von Abfällen verdienen. Heinrich Heine beschreibt den Aufstand der Chiffonniers und vermittelt dem Leser nebenbei einen Eindruck, wie es mit den hygienischen Verhältnissen in Paris bestellt ist. Eine Verordnung zur Salubrité publique (Öffentliches Gesundheitswesen, H.S.), so Heine, kollidiere mit den Interessen der Chiffonniers, die von dem Kehricht, der sich des Tags über vor den Häusern in den „Kothwinkeln" aufhäufe, ihren Lebensunterhalt ziehen.

„Mit großen Spitzkörben auf dem Rücken, und einem Hakenstock in der Hand, schlendern diese Menschen, bleiche Schmutzgestalten, durch die Straßen, und wissen mancherlei, was noch brauchbar ist, aus dem Kehricht aufzugabeln und zu verkaufen. Als nun die Polizei, damit der Koth nicht lange auf den Straßen liegen bleibe, die Säuberung derselben in Entreprise gab, und der Kehricht, auf Karren verladen, unmittelbar zur Stadt hinaus gebracht ward, aufs freie Feld, wo es den Chiffonniers frei stehen sollte, nach Herzenslust darin herum zu fischen: da klagten diese Menschen, daß sie, wo nicht ganz brodlos, doch wenigstens in ihrem Gewerbe geschmälert worden, daß dieser Erwerb ein verjährtes Recht sey, gleichsam ein Eigentum, dessen man sie nicht nach Willkühr berauben könne."

Mit einem Seitenhieb auf diejenigen Arrivierten, die peinlich darauf achten, dass sie ihre Interessen nie hintanstellen müssen, fährt Heine mit ironisch angedeuteter Verwunderung fort:

„Es ist sonderbar, daß die Beweisthümer, die sie, in dieser Hinsicht, vorbrachten, ganz dieselben sind, die auch unsere Krautjunker, Zunftherren, Gildemeister, Zehntenprediger, Fakultätsgenossen, und sonstige Vorrechtsbeflissene vorzubringen pflegen, wenn die alten Mißbräuche, wovon sie Nutzen ziehen, der Kehrricht des Mittelalters, endlich fortgeräumt werden sollen, damit durch den verjährten Moder und Dunst unser jetziges Leben nicht verpestet werde."

(Mein Hinweis an dieser Stelle: Lesen Sie diesen glanzvoll formulierten Satz noch einige Male und genießen Sie die überwältigende Sprachgewalt Heines, den Sprachrhythmus, die Sprachmelodie, die Buntheit, den Reichtum,

Heines Zorn. Und die nächsten Sätze formuliert Heine auf ebenso hohem Niveau).

„Als ihre Protestaktionen nichts halfen, suchten die Chiffonniers gewaltthätig die Reinigungsreform zu hintertreiben; sie versuchten eine kleine Konterevolution, und zwar in Verbindung mit alten Weibern, den Revendeuses, denen man verboten hatte, das übelriechende Zeug, das sie größtentheils von den Chiffonniers erhandeln, längs den Kays zum Wiederverkaufe auszukramen. Da sahen wir nun die widerwärtigste Emeute: die neuen Reinigungskarren wurden zerschlagen und in die Seine geschmissen; die Chiffonniers barrikadirten sich bei der Porte St. Denis; mit ihren großen Regenschirmen fochten die alten Trödel-Weiber auf dem Chatelet; der Generalmarsch erscholl; Casimir Perier ließ seine Myrmidonen[36] aus ihren Boutiquen heraustrommeln; der Bürgerthron zitterte; die Rente fiel; die Karlisten jauchzten."[37] Rund 1800 Lumpensammler versuchen in der ersten Aprilwoche 1832 einen Aufstand.

Auch diese Beschreibung der Lumpensammler und Trödlerinnen beendet Heine mit einer bissigen Bemerkung: „Letztere (die Karlisten, H.S.) hatten endlich ihre natürlichsten Alliierten gefunden, Lumpensammler und alte Trödelweiber, die sich jetzt mit denselben Prinzipien geltend machten, als Verfechter des Herkömmlichen, der überlieferten Erbkehrichtsinteressen der Verfaultheiten aller Art."

Diejenigen, die von den Corona-Restriktionen der Regierenden in ihrer sozialen, kulturellen und wirtschaftlichen Existenz getroffen werden, bleiben im Allgemeinen ruhig und gefasst, zumindest findet keine „Emeute" statt. Sie nehmen es monatelang klaglos hin, in Heimen eingesperrt zu werden, ohne Besuch empfangen zu dürfen; sie werden von Bildungseinrichtungen, den Kindergärten, den Schulen, den Universitäten, ausgesperrt; sie lassen es geschehen, dass ihre Theater, ihre Geschäfte zugesperrt werden.

Mit Ausgleichszahlungen für einen Teil ihrer wirtschaftlichen Verluste werden die Ein- und Ausgesperrten ruhig gestellt. Allerdings bezahlt am Ende alles der Steuerzahler, er spürt damit auch, wenn allerdings nur indirekt, die Sperrmaßnahmen. Gelegentlich wird die Dosis des Remediums, Geldzahlungen, erhöht, falls Unmut dräuen sollte. Die Schwächsten, die Kinder, erhalten keinen Ausgleich für ihre verlorenen Bildungschancen.

Nicht alle lassen sich einschüchtern, sondern denken selber.

Protestaktionen gegen die Einschränkungen sind allerdings selten. Die Teilnehmer an Protestaktionen werden von den Leitmedien häufig als Rechtsradikale eingestuft und ihnen als „Querdenker" oder „Covidioten" (SPD-Parteivorsitzende Saskia Esken) deshalb Gefährlichkeit attes-

tiert, weil sie den Sinn der Corona-Restriktionen in Frage stellen.

Die meinungsstarken Lautsprecher denken nicht darüber nach, ob die „Querdenker" und „Covidioten" vielleicht auch vernünftige Gründe für ihre Kritik an den Einschränkungen haben. Andersdenkende werden argumentationslos niedergemacht.

Im Gegensatz zu der allgemeinen Tendenz der Leitmedien, die Protestierenden als rechtsradikal zu charakterisieren, kommt das Bundeskriminalamt BKA am 27. November 2020 zu der Auffassung, eine „umfassende Beeinflussung bzw. Unterwanderung des Protestgeschehens durch die rechte Szene (kann) aktuell nicht konstatiert werden."[38] Und weiterhin heißt es, das BKA warne vor „antifaschistischen Interventionen in Form von (schweren) Gewalttaten" der linken Szene. Noch einmal: Nicht die „Querdenker" sind das Problem, sondern die Gegendemonstranten.

Wer denkt quer?

Die „Querdenker" haben einen deutlich überdurchschnittlichen Bildungsgrad (knapp 70 Prozent sind akademisch ausgebildet), sie sind weit überwiegend berufstätig (82 Prozent), wobei der Anteil der Selbstständigen mit 25 Prozent den Anteil von 10 Prozent in der Gesamtbevölke-

rung deutlich übersteigt. Und sie präferieren eher das linke Parteispektrum, wie eine Untersuchung der Universität Basel vom 17. Dezember 2020 zeigt.[39] Knapp die Hälfte der 1150 für die Studie Befragten (49 Prozent) nehmen zum ersten Mal an einer Demonstration teil. Sie sind mehrheitlich „gebildete Angehörige der Mittelschicht", wie es im Resümee der soziologischen Untersuchung heißt. Charakteristisch für die Protestierenden sei die „starke Entfremdung von den Institutionen des politischen Systems, den etablierten Medien und (...) den alten Volksparteien."

Protestaktionen, wie Heine sie beschreibt, oder besser, Unruhen, Emeuten, sind im Paris der 1830er Jahre nicht ungewöhnlich. Frédéric Chopin schreibt an seinen Freund Titus Woyciechowski am 25. Dezember 1831, in Paris sei „jetzt grosse Noth und wenig Geld im Umlauf; man begegnet vielen schäbigen Menschen mit wilder Physiognomie, und mitunter hört man ein hitziges, drohendes Gespräch über Louis Philippe, der samt seinem Ministerium nur noch an einem Haar hängt. Der Pöbel ist auf die Regierung empört und möchte sie umstürzen, um dem Elend ein Ende zu machen; doch ist diese zu sehr auf ihrer Hut, und der kleinste Menschenauflauf wird durch die reitende Gendarmerie sofort auseinandergesprengt.[40]

Chopin berichtet über die Demonstration (für den polnischen General Ramorino) einer „ungeheure(n) Menschenmasse - nicht nur junge Leute, sondern auch Pöbel", die durch die reitende Gendarmerie aufgelöst wird. „Trotzdem Viele verwundet waren, sammelten sich neue Menschenmengen auf den Boulevards unter meinen Fenstern, um sich mit denen zusammenzurotten, die von der anderen Seite der Seine herüberkommen sollten. Die Polizei konnte sich nicht mehr helfen, der Auflauf wuchs immer mehr, bis endlich eine Infanterie-Abtheilung und eine Schwadron Husaren anrückten; der PlatzCommandant befahl der Municipalgarde und den Truppen, die Trottoirs und die Strasse von dem neugierigen und aufständischen Pöbel zu reinigen und die Hauptträdelsführer zu arretiren. (Das ist die freie Nation!)."

Am Rande: Chopin kommt finanziell gut über die Runden: „Ich fahre in meiner eigenen Equipage, nur der Kutscher dazu ist gemiethet,", schreibt er im selben Brief. Die Cholera findet in diesem Brief keine Erwähnung.

„Sturm auf den Reichstag."

„*Bundespräsident Steinmeier verurteilt versuchte Stürmung des Reichstags, ‚Angriff auf das Herz unserer Demokratie', Politiker entsetzt über Randale-Mob - Verstörende Szenen bei Corona-Demo", titelt „Bild" am 30. August 2020 über eine „Corona-Chaos-Demo in der Hauptstadt".*[41]

Zu den „entsetzten" Politikern gehören der Berliner Innensenator Andreas Geisel (früher SED, jetzt SPD), Außenminister Heiko Maas (SPD), SPD-Kanzlerkandidat Olaf Scholz, SPD-Generalsekretär Lars Klingbeil, Bundestagspräsident Wolfgang Schäuble (CDU), Unions-Fraktionschef Ralph Brinkhaus (CDU), Bundesjustizministerin Christine Lambrecht (SPD). Sie verurteilen die „Feinde der Demokratie", „beschämende und besorgniserregende Szenen" und „Angriffe auf die freiheitliche demokratische Grundordnung".[42]

Bundespräsident Steinmeier, die „entsetzten" und andere Politiker sowie die Leitmedien stricken gemeinsam an der Legende, am 29. August 2020 sei in Berlin von Demonstranten der Reichstag gestürmt worden. Drei Polizisten stellen sich etwa drei- bis vierhundert Demonstranten, die sich auf den Stufen vor dem Eingang zum Reichstag

J. Roze: Le choléra à Paris.

versammelt haben, entgegen und verhindern den „Sturm auf den Reichstag". Offensichtlich droht die Lage nicht zu eskalieren, wenn drei Polizisten angesichts der Zahl der Demonstranten für Ruhe sorgen können.

Diese drei und weitere Polizisten ehrt Steinmeier am nächsten Tag im Schloss Bellevue und empört sich: „Reichsflaggen, sogar Reichskriegsflaggen darunter, auf den Stufen des frei gewählten Parlaments, im Herz unserer Demokratie!" Das sei verabscheuungswürdig und unerträglich. „Wir dulden keine antidemokratische Hetze", fügt der Bundespräsident hinzu, wie immer mit der Physiognomie und Diktion des geschmeidigen Tartuffe.

Es bleibt das Geheimnis Steinmeiers, wo er Reichskriegsflaggen gesehen haben will. Auf keinem der mir bekannten Videos oder Fotos der Demonstration, und ich habe mir viele Dutzend angesehen, ist auch nur eine Reichskriegsflagge erkennbar, jedoch einige schwarz-weiß-rote Flaggen, die Farben des Norddeutschen Bundes, des Kaiserreichs und, als Handelsflagge, der Weimarer Republik. Beim Anblick der vielen Stars-and-Stripes-Flaggen, der türkischen Flaggen, der schwarz-rot-goldenen Flaggen und der Regenbogenflaggen vor dem Reichstag muss man schon genau hinsehen, um schwarz-weiß-rote Flaggen zu erkennen.

Steinmeier nutzt den Vorfall, um wieder einmal, gebetsmühlenhaft schwadronierend, vor der Gefahr von Rechts zu warnen. Dass einige zehntausend Menschen, die Teilnehmerzahl wird von den Medien zwischen etwa einer Million und etwa 43.000 („Spiegel" am 30. August 2020) angegeben, dass diese Menschen friedlich gegen die Einschränkung ihrer Grundrechte durch die Maßnahmen zur Eindämmung der Corona-Epidemie demonstrieren, ist dem Bundespräsidenten kein Wort wert.

Noch zum Vorherigen: Die Greenpeace-„Aktivisten", die am 3. Juli 2020 auf das Dach des Reichstags geklettert sind, um während der Sitzung des Deutschen Bundestages gegen die aus ihrer Sicht unzureichenden Gesetze zum Ausstieg aus der Kohleverstromung zu demonstrieren, stoßen bei Steinmeier nicht auf Kritik. Offensichtlich hat der Bundespräsident unterschiedliche Maßstäbe, wenn er Demonstrationen von Menschen beurteilt, die er ohne realen Anhaltspunkt als „rechts" ausfindig macht, und denjenigen Protestierenden , die seiner politischen Präferenz, „links", entsprechen.

Steinmeier legt bei gleichen Sachverhalten doppelte Maßstäbe an. Das ist bigott und verlogen.

UNSICHERHEIT UND BESSERWISSEREI

Die Ursache für die Cholera sieht der Konstanzer Arzt Eduard Burkart in der Lebensweise der Menschen. In seinem Buch „Die Cholera in Paris, ihr Entstehen, ihre Verbreitung, Ursachen und Behandlung" schreibt er im Jahr 1835: „Betrachten wir im Allgemeinen die begünstigenden Gelegenheitsursachen, die die Cholera veranlassen, und ihren Ausbruch nähren konnten, so finden wir, dass in Paris beinahe alles vereinigt war, dieselbe auf das höchste zu steigern; der nasskalte, ungesunde vorhergegangene Winter, das Erfrieren der niederen Klasse auf Märkten und sonstigen öffentlichen Plätzen, die bedeutenden Strapazen, schlechte Heizung; die grosse Armuth und Noth, die Unreinlichkeit, das zusammengedrängte Wohnen der Arbeiter, die Gewohnheit mit Branntwein und Brod die Woche hindurch sich zu nähren, und Sonntags den Gewinn der Woche in den Ginguettes[43] zu verzehren (…); die Volksunruhen, die Gährung der Gemüther, der gerechte Zorn gegen innerliche Verräther, die Angst, die jeder auf seinem Antlitze trug, scheusslicher Intrigue Opfer zu fallen, steigerte bei plötzlich eingetretener Hitze die Sterblichkeit auf das Höchste."[44]

Auch, so schreibt Burkart, sind besonders „geschlechtlich Debauchirte" gefährdet, also diejenigen, die ausschweifend leben, wobei allerdings „keusche Hagestolze" ebenfalls nicht unverschont bleiben. Diejenigen, die durch „geistige Anstrengungen ihr Nervensystem zerrütteten" oder den Magen durch Gastmale überladen und in freien Stunden sich „Ausschweifungen hingeben" fallen der Cholera ebenfalls häufig zum Opfer. Kurz zusammengefasst lässt sich aus den Ausführungen Burkarts entnehmen, dass alle, ob züchtig oder ausschweifend lebend, von der Cholera bedroht sind, allerdings mit der Einschränkung, dass die „Weiber" weniger von der Cholera befallen werden als Männer („auf 100 Kranke zählte man nur 36 Weiber").

In Parenthese: Heine dürfte auch zu den Gefährdeten zählen, nicht wegen Keuschheit, sondern als „geschlechtlich Debauchirter". Franz Grillparzer berichtet, allerdings erst 1836, Heine bei einem Besuch mit zwei Grisetten im Bett angetroffen zu haben.[45] Und Heine selber schreibt im selben Jahr an seinen Verleger Julius Campe: „Ich befinde mich gesünder und heiterer als jemals und genieße mit vollsaugender Seele alle Süßigkeiten dieser Lustsaison, Dank den ewigen Göttern!"[46]

Es zeigt sich: Transparenz ist nicht beabsichtigt.

Rund 190 Jahre später bedroht das Virus SARS-CoV-2 ebenfalls, wie Burkart 1835 festgestellt hat, „alle", jedoch erkranken nur sehr wenige Menschen an der durch das Virus ausgelösten Krankheit Covid-19. Und auch die Sterblichkeit ist gering. Die unermüdlich täglich veröffentlichen Zahlen des Robert Koch-Instituts vermitteln das Gegenteil. Hier ist ein kritischer Blick auf die Statistiken angebracht.

Die veröffentlichten Statistiken über Infektionen, Erkrankungen und Todesfälle sind im allgemeinen unbrauchbar für die Beurteilung der tatsächlichen Lage, aber gut geeignet, immer wieder neue Panik hervorzurufen.

So wird beispielsweise bei der Datenerfassung nicht getrennt zwischen solchen Todesfällen, die an Covid-19 sterben und denjenigen, die mit dieser Krankheit, aber ursächlich an anderen Erkrankungen sterben. Es heißt immer, sie seien „an oder mit Corona" oder „im Zusammenhang mit Corona" gestorben. Auch die Letalitätsrate lässt sich „flexibel" darstellen, weil als Berechnungsgrundlage je nach Intention die gezählten Infektionen oder die gezählten Erkrankungen, zwei Werte, die deutlich von einander abweichen, in Bezug zu den Todesfällen gebracht werden. Nur ein geringer Teil der mit dem Corona-Virus Infizierten erkrankt auch an Covid-19.

Hinzu kommt, dass die statistischen Darstellungen kreativ neu gestaltet worden sind. Bis zum Jahr 2020 haben die Gesundheitsämter die Influenza-Fälle pro Saison erfasst und jeweils mit einer Neuzählung in der nächsten Saison begonnen, wenn sich eine neue Influenza-Welle mit mutierten Viren entwickelt hat.

Auch jetzt mutieren die Corona-Viren, das Ursprungsvirus ist schon längst nicht mehr aktiv, jedoch kumulieren die Gesundheitsämter unbeeindruckt die Infektionszahlen seit Beginn des Jahres 2020. Wenn man nur lange genug wartet, werden immer erschreckendere Zahlen gemeldet, Zahlen, nach denen immer größere Teile der Bevölkerung angeblich infiziert sind. Wie absurd die jetzige Zählweise ist, zeigt sich anhand der Überlegung, dass bei möglichen mehrfachen Testungen, die positiv ausfallen, die Zahl der gemeldeten Infektionen rechnerisch auch 100 Prozent der Bevölkerung überschreiten kann.

Da es keinen Standard zur Berechnung und Beurteilung der Bedrohungen gibt, ist es anzuraten, alle Veröffentlichungen kritisch zu betrachten.

Dass gilt auch für die Zahlen des Statistischen Bundesamtes, das beispielsweise saisonübergreifend eine Leta-

litätssrate von rund 3 Prozent und insgesamt rund 65.000 Sterbefälle nennt (Februar 2021).[47] Das Robert Koch-Institut meldet rund 70.000 Sterbefälle und gleichzeitig für den selben Zeitraum aus dem DIVI-Intensivregister (DIVI: Deutsche Interdisziplinäre Vereinigung für Intensiv- und Notfallmedizin) knapp 22.000 Sterbefälle für Covid-19 seit Februar 2020.[48] Zwar mögen zeitliche Unterschiede bei der Abweichung dieser Zahlen eine Rolle spielen, auch sind im DIVI-Register nur die Fälle der rund 1300 Krankenhäuser mit intensivmedizinischer Betreuung erfasst, jedoch ist die gravierende Diskrepanz der Zahlen, nach denen zwei Drittel aller Sterbefälle ohne den Versuch einer Intensiv-Behandlung im Krankenhaus aufgetreten sein sollen, nicht plausibel zu erklären.

Sofern die Zahlen die Realität widerspiegeln sollten, liegt die Vermutung nahe, dass zwei Drittel aller Covid-19-Erkrankten ohne den Versuch einer intensiv-medizinischen Behandlung sterben. Dann wäre zu wenig für die Kranken getan worden. Das wäre ein Skandal.

Eines ist aber sicher: Alle Zahlen geben keine Anhaltspunkte, dass wir es mit einer nicht beherrschbaren Pandemie zu tun hätten.

Die „Allgemeine Encyclopädie" beschreibt die Ursache der Cholera im Jahr 1828 „theils als Folge des häufigen Genusses von frischem Obst und Gartenfrüchten, der Überladung des Magens überhaupt, besonders aber bei dem Wechsel heißer Tage mit kühleren Nächten" und sieht die Cholera „so gewiß als die Schwalben im Frühjahr."[49]

Die Enzyklopädie erläutert ausführlich die Verbreitung der Cholera in Asien und im europäischen Osten und nennt genaue Zahlen der Opfer. Mit erstaunlicher Gewissheit stellen die Autoren der Enzyklopädie fest, dass nicht angenommen werden könne, die Cholera werde durch Ansteckung übertragen.

Eine Epidemie könne durchaus zu psychischen Schäden führen, schreibt der Doctor der Medizin Michael Lenhossék, dessen Sammlung honoriger Titel beeindruckt. Er ist „Ritter des kön. Schwed. Wasa-Ordens, Königlich Ungarischer Statthalterrath, Protomedicus des Königreichs Ungarn, Director des med. chir. Studiums und Präses der med. Facultät an der Kön. Universität zu Pest, mehrerer gelehrter Akademien und Gesellschaften Mitgliede", wie er in seinem Buch „Bemerkungen über die Behandlung der orientalischen Brechruhr (Cholera orientalis)" im Jahr 1831 ausführt.

Das „Gangliensystem" (das Nervensystem, H.S.) leide unter der orientalischen Cholera so sehr, dass alle Funktionen des organischen Lebens auf einmal gestört oder auch gänzlich gehemmt werden, schreibt Lenhossék. „Diese gefährlichste Art der Cholera wird bei Hysterischen, Hypochondristen, durch Wollust, durch geistige oder körperliche Anstrengung, durch Nahrungsmangel Erschöpften, durch anhaltende Traurigkeit und Gram Geschwächten öfter entwickelt; sie ergreift bisweilen an Geist und Körper schwache Personen, wenn sie von einer übermäßigen Furcht und Abscheu vor dem herrschenden Übel überfallen werden, so, dass man fast sagen könnte, die Krankheit sei durch psychische Ansteckung erzeugt worden."[50] Die größte Neigung, in das herrschende Übel zu verfallen, haben, so Lenhossék, „reizbarere und empfindlichere Menschen von nervösem Temperamente, hysterische Weiber, Hypochondristen, kleinmüthige, furchtsame, (…) wollüstige, erschöpfte, dem Trunke ergebene, ältliche Individuen."

Der so aktive Doctor der Medizin Lenhossék kann die Ursache der Krankheit, der Cholera, nicht kennen, weil erst ab 1854 Wissenschaftler in Italien und Spanien den Erreger beschreiben. Dennoch hat Lenhossék, wie ich es sehe, auf eine wichtige Erkenntnis hingewiesen, nämlich die psychische „Ansteckung" zu vermeiden, die nicht durch Viren oder Bakterien hervorgerufen wird, sondern durch eine übermäßige Furcht und Abscheu vor dem Übel. Lenhossék formuliert eine zeitlose Feststellung.

Eine besondere Kuriosität bei der Suche nach der Ursache der Cholera vermeldet der „Oesterreichische Beobachter": „Der bekannte Aeronaut, Hr. Margat, hat der Regierung seine Dienste angeboten, um die Ursache der Cholera in den obern Luftregionen aufzusuchen. ‚Seine Absicht', bemerkt ein Blatt, ist gewiß sehr lobenswerth; wir glauben aber dennoch, daß das Ministerium die Staatsgelder besser anzuwenden wissen wird.'"[51] Am nächsten Tag zitiert der „Oesterreichische Beobachter" den „Courrier Français", der darauf aufmerksam gemacht habe, „daß zahlreiche Artilleriesalven in Folge der Erschütterung der Luft einen heilsamen Einfluß auf die Cholera ausüben könnten."

So weit kommt es nicht, denn Hr. de Fontenelle habe an zwanzig Punkten in Paris die Luft untersucht, unter anderem im Hotel Dieu, mit dem Ergebnis, „daß er allenthalben nur die gewöhnlichen Bestandtheile der reinsten atmosphärischen Luft gefunden habe, weßhalb ihm der Vorschlag, die Pariser Luft durch Kanonenschüsse zu reinigen, höchst unnütz erscheine.

Im Jahr 1832 streiten die politischen Parteien heftig über die Bekämpfung der Cholera, in den Jahren 2020 ff. dagegen herrscht Friedhofsruhe (die größte Oppositionspartei wird nicht gehört).

Anfang April 1832, als die Zahl der täglichen Cholera-Erkrankungen in Paris immer weiter ansteigt, streiten sich auch die Parteien heftig über die Ursache der Epidemie. Die „Bayerische Staats-Zeitung" schreibt unter dem Datum des 6. April 1832, die Pariser Parteien hätten keine Gelegenheit versäumt, sich die Schuld der Aufregungen über vermutete Vergiftungen zuzuschieben. Die Pariser Zeitungen bemühten sich zwar, die beim Ausbruch der Cholera vorgefallenen Volkstumulte, die Vergiftungen, die Widersetzlichkeit gegen Sanitätsmaßregeln zu erklären, die bei weitem meisten aber könnten selber ihre Parteilichkeit nicht verlassen.[52]

Einen Tag später, am 13. April 1832, zitiert der „Bayerische Staats-Anzeiger" die französische Zeitung „Quotidienne", die sehr bündig nachgewiesen habe, dass die Ursache der Cholera in der Julirevolution zwei Jahre zuvor gegründet sei. Die „Gazette de France" wisse, dass das Volk mit der Cholera gestraft sei, weil es das Kreuz von

St. Germain niedergerissen habe. Beruhigend angesichts dieser zweifelhaften Ursachenforschung ist der Kommentar des „Bayerischen Staats-Anzeigers", der hierzu feststellt: „Mit abgeschmackten Reden dient man weder Gott noch den Menschen."

„Man predigt jedoch tauben Ohren, wenn man den Parteien zuruft, vor Allem gerecht zu sein, und den Gegner nie ohne Beweis einer Schandthat schuldig zu erklären", resümiert die „Bayerische Staats-Zeitung".

Die Presse hat also einen gehörigen Anteil an der Verunsicherung der Bevölkerung. Je nach politischer Ausrichtung unterstützt sie die Karlisten, die Saint-Simonisten oder das Juste-Milieu.[53] In einem anderen Zusammenhang, der Beschränkung der Pressefreiheit in Kurhessen, benennt die „Bayerische Staats-Zeitung" die Macht der Presse in einer bemerkenswerten Deutlichkeit.

„Man sagt", schreibt die Zeitung am 14. April 1832, „die Presse sey nur dann eine Macht, wenn sie den wahren Ausdruck der allgemeinen Gesinnungen darstelle, und eben in der Uebereinstimmung dieser Gesinnungen liege die Macht und Bedeutung, von denen die Presse nur das Organ bilde. Die Presse hat sich aber weit öfter zur Herrschaft über die Meinung aufgeworfen, als sich zu ihrem dienenden Berichterstatter bestellt, oder vielmehr, wenn sie Wünsche erzeugt hat, und den Gesinnungen die ihr beliebige

Richtung gegeben, tritt sie als Organ dieser Wünsche auf und erklärt sie für unabweisbar. Sie beherrscht also die ganze moralische Macht. (…) Daß die Presse das Alles vermag, hat sie gezeigt, und dann ist sie ja nur eine gefährliche und vernichtende Waffe in der Hand einer Anzahl von Schriftstellern, die, wenn auch noch so zahlreich, doch nur eine Minderheit darstellen, die sich zum Tyrannen der Meinung Aller aufwirft."

In der „Bayerischen Staats-Zeitung" heißt die Schlussfolgerung, es müsste mit Schutzgesetzen dem Mißbrauch der „Preßfreiheit Einhalt gethan" werden. Wohin die Pressefreiheit führe, zeige die Entwicklung in Frankreich, dessen Regierung gegen Gegner kämpfen müsse und „sich in diesem Kampf zersplittert, ohne Muße finden zu können, für die organische Entwicklung des Nationalgedeihens Sorge zu tragen."

Die Macht der Presse wirkt damals wie heute.

Die Regierung ist heute allerdings in einer glücklicheren Situation, denn sie muss sich nicht im Kampfe gegen Gegner zersplittern. Die Leitmedien, fast alle, verkünden nur eine Wahrheit, die Wahrheit der Regierung. Einige Beispiele mögen dies untermauern.

Der Intendant des SWR, Kai Gniffke, früher Chef von ARD-Aktuell, macht in einem Brief an einen Zuschauer, der sich über die einseitige Berichterstattung des öffentlich-rechtlichen Fernsehens zur Corona-Epidemie beklagt, keinen Hehl aus der Zensur: Wissenschaftler, denen eine „zweifelhafte Rolle zufällt", fänden keine Plattform im Fernsehen, schreibt Gniffke. Gemeint ist Sucharit Bhakdi, der zusammen mit Karina Reiss ein Buch mit dem Titel: „Corona - Fehlalarm?" veröffentlicht hat. „Solch strittigen Thesen im öffentlich-rechtlichen Rundfunk eine Plattform zu bieten, widerspricht unserem Auftrag", erläutert Gniffke.[54] Gniffke hat also offensichtlich den Auftrag, „richtige" Wissenschaft von „falscher" Wissenschaft zu trennen und nur über erstere zu berichten. Wer hat ihm den Auftrag erteilt?

Der Intendant des SWR ist ein willfähriger Helfer der Regierung.

Als Privatmeinung eines unbotmäßigen Oberregierungsrates im Bundesinnenministerium (Referat KM4) kennzeichnen die Leitmedien dessen Bericht vom 25. April 2020 über die „Coronakrise 2020 aus Sicht des Schutzes Kritischer Infrastrukturen", den der Beamte an die verantwortlichen Stellen im Ministerium geschickt hat, unter anderem an die Abteilung Öffentliche Sicherheit und an den Krisenstab des Ministeriums.

Der Beamte fasst in dem Anschreiben zu seinem Be-
richt die Ergebnisse dahingehend zusammen, die interne
Analyse KM4 ergäbe gravierende Fehlleistungen des Kri-
senmanagements, Defizite im Regelungsrahmen für Pan-
demien und die „beobachtbaren Wirkungen und Auswir-
kungen von COVID-19 lassen darüber hinaus keine ausrei-
chende Evidenz dafür erkennen, dass es sich (...) um mehr
als um einen Fehlalarm handelt."[55]

Der Spiegel" beeilt sich zu erklären, der Referent
habe keinen Auftrag zu seiner Analyse erhalten, die im
„völligen Widerspruch zur Haltung des Ministeriums" ste-
he und im Übrigen in der „steilen Behauptung" gipfele,
der Staat sei „einer der größten Fake-News-Produzenten"
gewesen.[56]

Rainald Becker, ARD-Chefredakteur, erklärt dem Pu-
blikum am 6. Mai 2020 im Kommentar der „Tagesthemen",
wie die Welt sich durch die Corona-Epidemie ändern wird:
„All diesen Spinnern und Corona-Kritikern sei gesagt: Es
wird keine Normalität mehr geben wie vorher." Dabei be-
ruft sich der Kommentator auf „Madonna, Robert de Niro
und rund 200 andere Künstler und Wissenschaftler", die
Lebensstil, Konsumverhalten und Wirtschaft grundlegend
verändern wollen. Glücklicherweise, das ruft Becker allen
„Wirrköpfen" zu, glücklicherweise ist dieses Land „deut-
lich besser als andere durch die Corona-Krise gekommen,
gerade weil Angela Merkel Kanzlerin ist."[57] Becker be-

treibt eine üble Indoktrination. Die kann er munter unbe-
schwert fortsetzen, weil der öffentlich-rechtliche Rundfunk,
mit rund 8 Milliarden Euro Zwangsgebühren jährlich ali-
mentiert, gerne staatsnah berichtet.

Ein letztes Beispiel für einen Journalismus übelster
Machart soll verdeutlichen, wie das öffentlich-rechtliche
Fernsehen sich flexibel an die gerade herrschende Regie-
rungspolitik anpasst: Der Bayerische Rundfunk sendet am
30. Januar 2020 in der Sendereihe „quer“ einen Beitrag
von Stephanie Probst, die die Zuschauer über Corona auf-
klärt, indem sie diejenigen, die sich über das Virus ängsti-
gen, als Abhängige von Fake News, Verschwörungstheori-
en und Gerüchten charakterisiert. „Die Panikmache“ soll
der Destabilisierung dienen, „die Bevölkerung soll beun-
ruhigt werden, was das Vertrauen in den Staat und dessen
Glaubwürdigkeit erschüttern soll.“ Probst weiß: Die Panik
schüren „Menschen aus dem rechten Spektrum“. „Also:
Nur keine Panik!“, denn schließlich „sind Corona-Viren
keine Unbekannten. Zu ihrer Familie gehören auch ganz
normale Schnupfenerreger, mit denen wir immer mal wie-
der konfrontiert sind.“

Inzwischen ist das Video kommentarlos gelöscht wor-
den, es war wohl gar zu peinlich. Stattdessen klärt der
Bayerische Rundfunk am 11. März 2020 in „quer“ darüber
auf, dass die Aussage, Covid-19 sei nichts anderes als eine
normale Grippe „mit Vorsicht zu genießen ist.“ Die Regie-

rungsansicht hat sich ja inzwischen geändert, da gilt es,
den Kurs auch in der Berichterstattung behutsam, aber fle-
xibel anzupassen.

Unabhängige, suchende Wissenschaftler sind
rar, aber es gibt sie.

Ein Zeitsprung und ein Ortswechsel (danach geht es gleich weiter in Paris 1832, allerdings erst nach einer Schelte der deutschen Verwaltung in ihrer heutigen Verfassung):

Sechzehn Jahre nach der Cholera-Epidemie in Paris, im Jahr 1848, fährt der 26-jährige Dr. Rudolf Virchow, „Prosector a. d. Charité-Krankenhause und Privatdocenten a. d. Universität zu Berlin", im Auftrag des preußischen Kultusministers nach Oberschlesien, um die dort grassierende Typhus-Epidemie nach „einer möglichst gründlichen und Erfolg versprechenden Weise" zu untersuchen. Rudolf Virchow teilt unmittelbar nach Beendigung seiner Inspektionsreise in seinen „Mittheilungen über die in Oberschlesien herrschende Typhus-Epidemie" die Ergebnisse seiner Beobachtungen schriftlich mit.[58] Virchows Denkschrift, vor 170 Jahren geschrieben, fasziniert noch heute, vor allem dadurch, mit welcher Klarheit Virchow ungeachtet möglicher persönlicher Nachteile die Ursachen der Typhus-Epidemie benennt. Er findet klare Worte, die durch seine zuweilen sarkastischen Anmerkungen besonders eindrücklich wirken.

Eine Ursache der Epidemie erkennt Virchow in den Wohn- und Lebensverhältnissen der Bewohner Oberschlesiens, ihre „Wohnungen, ihre geselligen Verhältnisse, endlich ihre Unreinlichkeit und Indolenz finden sich nirgends so ähnlich wieder, als bei den niedrigen Schichten des polnischen Volkes. (…) Der Oberschlesier wäscht sich im Allgemeinen gar nicht, sondern überläßt es der Fürsorge des Himmels, seinen Leib zuweilen durch einen tüchtigen Regenguß von den darauf angehäuften Schmutzkrusten zu befreien. Ungeziefer aller Art, insbesondere Läuse, sind fast stehende Gäste auf seinem Körper. Eben so groß als diese Unreinlichkeit ist die Indolenz der Leute, ihre Abneigung gegen geistige und körperliche Anstrengungen, eine vollkommen souveräne Neigung zum Müßiggang oder vielmehr zum Müßigliegen…"

In dieser Deutlichkeit fährt Virchow noch über mehrere Absätze fort, um dann die „katholische Hierarchie" anzuprangern, der „katholische Clerus (habe nirgends) eine absolutere Knechtung des Volkes zu Stande gebracht, als hier; der Geistliche ist der unumschränkte Herr dieses Volkes, das ihm wie eine Schaar Leibeigener zu Gebote steht.

(…) Es liegt in dem Interesse der Mutter Kirche, die Völker bigott, dumm und unfrei zu erhalten."

Nicht nur die Bewohner Oberschlesiens und die katholische Kirche haben nach Darstellung Virchows versagt, sondern auch von der Verwaltung seien Missgriffe begangen worden. Die Verwaltung habe „zur rechten Zeit nichts gethan" und sie sei „mit sehr unvollkommenen Mitteln erst eingeschritten, als es für Viele zu spät war." Die Wohnverhältnisse und die Ernährung der Menschen, insbesondere wegen ihrer Einseitigkeit, im Wesentlichen auf Kartoffeln beschränkt, seien unzureichend.

Wesentlich für die Ausbreitung der Typhus-Epidemie ist nach Virchows Ansicht das Versagen der Behörden. „Monat für Monat verging nach dem Ausbruche der Epidemie, ohne daß die höheren Staatsbehörden irgendwie Notiz von ihrem Bestehen genommen hätten. Der Herbst war vorüber, der Winter mit dem Schrecken des Hungers und der Kälte rückte vor, - nichts geschah. Geringe Geldsummen zur direkten Vertheilung an die Nothleidenden wurden endlich bewilligt, allein die Ungeschicklichkeit der alten Papier-Bureaukratie zeigte sich selbst hier noch so groß, daß sie über die Vertheilung des Geldes, welches doch in den kleinsten Summen gegeben werden sollte, Detail-Quittungen verlangte, um sie der Oberrechenkammer vorlegen zu können!" Erst als die Presse beginnt, „die unglaublichen, undenkbaren Dinge zu verbreiten", wird die Lage besser.

Virchows zusammenfassende Beurteilung zur Epidemie ist niederschmetternd: „Ein Heer wohlgeschulter Beamten mischt sich überall in die privaten Verhältnisse ein, überwacht die geheimsten Beziehungen der ‚Unterthanen‘, um ihr geistiges und materielles Wohlsein vor einer zu großen Steigerung zu bewahren" und produziert „nur beschriebenes Papier". Die Beamten seien „nicht von dem Volk für das Volksinteresse, sondern von dem Polizeistaat für das Staatsinteresse eingesetzt."

Zur Bekämpfung der Epidemie schlägt Virchow ein für seine Rolle als Arzt außergewöhnliches Remedium vor, nämlich (im Buch gesperrt gedruckt): „Freie und unumschränkte Demokratie."

Virchow schreibt und veröffentlicht seinen Text im Jahr 1848, dem Jahr der Revolutionen. Seine Analyse, die die Versäumnisse der Preußischen Regierung deutlich anprangert, führt zu seiner Entlassung aus der Berliner Charité. Er nimmt einen Ruf der Universität Würzburg im Königreich Bayern auf den Lehrstuhl für Pathologische Anatomie an, muss sich jedoch verpflichten, die politische Arena zu verlassen.

Virchows Bericht gilt in weiten Teilen eins zu eins auch für die aktuelle Epidemie.

Zwar versuchen unabhängige Autoren, über die Corona-Epidemie sachlich zu informieren. Ihr Wirken und ihre Erkenntnisse finden in den Leitmedien jedoch kaum Resonanz. Es geht darum, hier sei Virchow noch einmal zitiert, das Volk „bigott, dumm und unfrei" zu erhalten. Virchow weist in bemerkenswerter Deutlichkeit auf die beschämende Rolle der Behörden hin. Es hat sich nicht viel geändert. Damals wie heute bieten die Behörden ein desaströses Bild, sie versagen auf ganzer Linie.

Ein Ansatzpunkt für die Bekämpfung der Corona-Pandemie soll die Nachverfolgung von Infektionsketten sein. Dazu ist es erforderlich, Infizierte zu erkennen, sie in Quarantäne zu setzen und Gefährdete nach Kontakten mit Infizierten zu warnen. Der Versuch, auf digitalem Weg („Corona-App") die Infektionen zu verfolgen, scheitert an der strikten Ausrichtung der Applikation an den Bestimmungen des Datenschutzes, so dass Warnungen vor Infektionen nur eingeschränkt weitergegeben werden. „Der Datenschutz darf nicht dem Virus zum Opfer fallen", zitiert die „Süddeutsche Zeitung" (5. Februar 2021) zwei Datenschutz-Beauftragte und benennt damit deutlich das Dilemma und die Priorität: Datenschutz steht vor Gesundheitsschutz.

Auch zeigt sich die Verwaltung der Gesundheitsämter bemerkenswert zäh darin, ineffiziente Kommunikationsstrukturen am Leben zu erhalten.

Die Gesundheitsämter begnügen sich selbst im Jahr 2020 für die Übertragung von Daten mit dem neuen technischen Standard der 1980er Jahre, dem Faxgerät. Per Fax werden Bilddateien übermittelt, die mühselig per Hand in Dateien für Auswertungszwecke zu übertragen sind. Eine neue Software zur besseren Kontaktverfolgung Corona-Infizierter („Sormas") nutzen nach einem Jahr Corona-Epidemie von den 400 Gesundheitsämtern in Deutschland gerade einmal 90 Ämter diese Möglichkeit einer effizienteren Verwaltung.[59]

Auch wenn alle Gesundheitsämter die Software nutzten, ließe sich die Handarbeit nicht vermeiden: Die Kompatibilität der Neuentwicklung mit der Software des Robert Koch-Instituts („SurvNet"), die aus den 1990er Jahren stammt, ist nicht gegeben. Nach wie vor müssen die Mitarbeiter alle Daten, Name für Name, Kontaktdatum für Kontaktdatum, Tätigkeit für Tätigkeit, Straße für Straße und viele weitere Daten per Hand in die Software des RKI eingeben. Die Verwaltung befindet sich in einem hoffnungslosen Zustand.

Beunruhigend ist dies vor allem deshalb, weil die arg begrenzte Effizienz der Verwaltung die gesamte Gesund-

heitspolitik der Bundesregierung beeinflusst. Weil die Nachverfolgung von Infektionen nur begrenzt möglich ist, müssen die Bürger Restriktionen dann hinnehmen, wenn mehr als eine festgelegte Zahl Infizierter je einhunderttausend Einwohner innerhalb einer Woche festgestellt werden (Inzidenzwerte 35 bzw. 50, § 28a Gesetz zur Verhütung und Bekämpfung von Infektionskrankheiten beim Menschen). Die Verwaltung ist nicht in der Lage, eine höhere Zahl von Infektionen zu bearbeiten. Klar gesagt: Wegen einer rückständigen Verwaltungsstruktur werden die Bürger Restriktionen unterworfen.

Und noch ein staatliches Versagen muss an dieser Stelle benannt werden.

Die Strategie der Pandemie-Bekämpfung ist wesentlich auch darauf ausgerichtet, etwa zwei Drittel der Bevölkerung gegen Covid-19 zu impfen. Abgesehen davon, dass die Bundesregierung es versäumt hat, rechtzeitig ausreichend Impfstoffe zu beschaffen, vermag es die Bundesregierung auch nicht, die Impfungen wirksam zu organisieren. Damit bestimmte Prioritäten bei den Impfungen gewahrt bleiben, zuerst sollen die älteren Bürger geimpft werden. Zur Sicherung dieser Prioritätsfolge, dürfen monatelang nur Impfzentren, nicht aber die etwa 100.000 niedergelassenen Ärzte impfen. Natürlich könnte es manchen Mißbrauch geben, wenn auf breiter Basis geimpft würde, jedoch wären Impfungen wesentlich schneller durchzuführen.

Das Prinzip ist wichtiger als die Effizienz. Der Staat versagt.

MASSNAHMEN GEGEN DIE EPIDEMIEN

Die „Allgemeine Zeitung" berichtet, in der Zeit vom 1. April bis zum 14. April 1832 seien in Paris 7631 Personen an der Cholera gestorben, jedoch räume die Pariser Administration ein, dass sie die Zahl der Toten nicht vollständig angeführt habe. Dies „gibt Anlaß zu den übertriebensten Gerüchten, nach den Einen beträgt die Zahl der Todten 20.000, nach den meisten wenigstens 16.000, und viele Ärzte läugnen, daß die Krankheit bis jetzt abnehme. Aber der Zweck der Administration ist doch erreicht; der Schrecken der Bevölkerung ist verschwunden, oder wenigstens sehr vermindert."

Die unterschiedlichen Zahlen verwirren. Am Ende sind es tatsächlich etwa 18.000 Tote innerhalb weniger Wochen, in einer Stadt mit rund 900.000 Einwohnern.

Zum Jahresanfang 2021 berichten die Leitmedien sensationsheischend: In Deutschland sei im vergangenen Jahr 2020 eine deutliche Übersterblichkeit festgestellt worden. So meldet die „Tagesschau" am 15. Januar 2021, mehr als zwei Millionen bestätigte Corona-Infektionen seien vom Robert Koch-Institut gezählt worden. Nach den täg-

lich gemeldeten Todesfällen (an diesem Tag 1.113 „im Zu-sammenhang mit Corona-Infektionen") leitet die „Tages-schau" über zu der Meldung, das Statistische Bundesamt habe für das Jahr 2020 eine deutliche Übersterblichkeit im Vergleich zum Durchschnitt der vergangenen vier Jahre gemeldet, nämlich um 24 Prozent seien die wöchentlichen Sterbezahlen höher. Die Übersterblichkeit werde nach An-gaben des Statistischen Bundesamtes in den kommenden Wochen noch deutlich zunehmen. „Die Zahl der Covid-19-Todesfälle steigt kontinuierlich an", heißt es in dem Be-richt.

Die Redakteure der „Tagesschau" und ungezählter weiterer Medien haben die Erläuterungen des statistischen Bundesamtes nicht oder nicht sinnerfassend gelesen, denn zum einen weist die Behörde darauf hin, es handele sich bei dem Vergleich von Durchschnittszahlen der vergangenen vier Jahre (exakt: arithmetische Mittelwerte je Kalender-woche), um Zahlen, die je nach Verlauf der Grippewellen und anderer Einflüsse typische Schwankungen zeigten. Im Jahr 2020 habe eine Hitzewelle erhöhte Sterbefälle zur Folge gehabt. Zudem trügen Verschiebungen in der Alters-struktur der Bevölkerung zu überdurchschnittlichen Sterbe-fallzahlen bei.[60] Warum das Statistische Bundesamt die Folgen aus der Veränderung der Altersstruktur in diesem Zusammenhang nicht deutlicher ausweist, könnte als uner-klärlich abgetan werden, wenn nicht der Verdacht aufkäme, dass Methode hinter der Vernebelung stecken könnte, um bei der ohnehin eingeschüchterten Bevölkerung weiterhin Ängste zu schüren.

Unabhängige Wissenschaftler finden kaum Aufmerksamkeit.

Es sei „keine herausstechende Übersterblichkeit zu beobachten", stellen beispielsweise die Statistiker Göran Kauermann und Helmut Küchenhoff des Statistischen Beratungslabors der Ludwig-Maximilians-Universität München fest. Im Gegenteil: „Bei der jungen Bevölkerung zeigt sich sogar eher eine Untersterblichkeit."[61] Und der Umwelt-, Wirtschafts- und Techniksoziologe Bernhard Gill konstatiert: „Auch wenn aufgrund von Covid-19 in einzelnen Kalenderwochen eine erhöhte Sterblichkeit zu beobachten ist, liegt die Gesamtsterblichkeit in Deutschland im Jahr 2020 insgesamt unter dem alterungsbedingten Erwartungswert."[62]

Übrigens: Die Analysen unabhängiger Wissenschaftler stehen nicht nur am Jahresende zur Verfügung, sondern die Wissenschaftler durchleuchten das Geschehen auch im Verlauf eines Jahres, so dass ihre Erkenntnisse zeitnah zur Steuerung der gesundheitspolitischen Maßnahmen hätten genutzt werden können. Das aber will offensichtlich niemand in den politischen Gremien, denn es passt nicht in die Strategie der Angstmacherei.

*Die einen setzen auf Empfehlungen an die Be-
völkerung, die anderen auf strikte Verbote.*

Ein ungezwungenes öffentliches Leben findet in Paris
jetzt kaum noch statt.

„Eine Todtenstille herrscht in ganz Paris", schreibt
Heine. „Ein steinerner Ernst liegt auf allen Gesichtern.
Mehrere Abende lang sah man sogar auf den Boulevards
wenig Menschen, und diese eilten einander schnell vorüber,
die Hand oder ein Tuch vor dem Munde. Die Theater sind
wie ausgestorben."[63] Die „Bayerische Staats-Zeitung"
schreibt am 10. April 1832, Paris sehe jetzt ziemlich düster
aus. „Von 9 Uhr Abends an zeigt sich fast niemand mehr
auf den Straßen; dagegen sieht man in denselben besondere
schwarz behangene Todtenwagen, weil die gewöhnlichen
Begräbnißanstalten nicht mehr hinreichen."

Kurz zuvor noch hat es „tausend Zerstreuungen" gegeben, wie Felix Mendelssohn Bartholdy am 11. Januar
1832 in einem Brief an den Düsseldorfer Schriftsteller Carl
Immermann schreibt.[64] In den kleinen Theatern spiele sich
das Leben ab, in den Lustspielen, in denen die Politik immer die Hauptrolle spiele, läge eine gründliche Bitterkeit.
„Politik und Lüsternheit sind die beiden Hauptinteressen,
um die sich alles dreht, und so viele Stücke ich noch gese-

hen habe, so fehlt eine Verführungsscene und ein Ausfall auf die Minister nirgends." In die Oper geht Mendelssohn Bartholdy nicht, „sie hat banquerott gemacht." Heine sehe Mendelssohn Bartholdy selten, schreibt er, weil er (Heine) „ganz und gar in die liberalen Ideen, oder in die Politik versenkt ist."

Die Kultur kommt in Paris fast zum Erliegen. Zwar erhalten die Theater einen Zuschuss von 60.000 Francs, damit sie ihre Vorstellungen nicht unterbrechen, meldet die „Allgemeine Zeitung" am 18. April. Es sei kein Wunder, dass die Cholera Furcht einflöße, „Theater und Soiréen sind fast nicht besucht."

Frederic Chopin hat trotz der Epidemie Gelegenheiten, Konzerte zu geben; er wird mit Angeboten für öffentliche Auftritte geradezu überhäuft, weil er „eine große Anziehungskraft auf das feine Publikum" ausübt.[65] Am 20. Mai 1832 spielt er in einem Saal des Konservatoriums das erste Allegro seines F-moll-Konzertes mit Orchesterbegleitung.

In Deutschland sind die Theater geschlossen, die Kinos, die Konzertsäle und die Restaurants. Die Eckkneipe ist ebenfalls geschlossen. Die Geschäfte sind geschlossen, lediglich Lebensmittelgeschäfte, Apotheken und Drogerien dürfen öffnen. Es ist verboten, mehr als einen Nachbarn, Verwandten oder Freund zu Hause zum Besuch zu empfangen. Es ist verboten, Angehörige im Pflegeheim zu besuchen. Es ist verboten, ohne Maske vor dem Gesicht mit öffentlichen Verkehrsmitteln zu fahren oder in der Innenstadt spazieren zu gehen. Es ist verboten, in der Altstadt stehen zu bleiben oder gar im Freien zu sitzen.[66]

Es ist verboten, privat zu verreisen. Es ist verboten, Sport in Vereinen zu treiben. Die Schulen und Kindergärten sind geschlossen. Niemand darf auf die Spielplätze, auch nicht im Wald. Kindergeburtstage fallen aus. Rodeln und Schlitten fahren ist verboten.

Die Polizei und die Ordnungsdienste überwachen, dass niemand die Verbote ignoriert. Die Nachbarn passen ebenfalls gut auf und melden Vergehen. Das sollen sie auch, denn alle müssen „aufeinander achtgeben", wie die Bundeskanzlerin am 30. September 2020 im Bundestag mahnt.

Die Polizei schreitet schnell ein und verfolgt Maskenverweigerer gnadenlos, auch im Park, im Verfolgungslauf, sogar per Polizeiauto. Die Ordnungshüter passen auf, dass niemand das an der Eisbude gekaufte Eis auf einer Parkbank sitzend isst („Bild", 22. April 2020). In Niedersachsen ist „ein erstes rasches Lecken an einer Eiskugel während des zügigen Sichentfernens von der Eisdiele" möglich, um „*ein Heruntertropfen des Eises auf Kleidung und Fuß-boden" zu verhindern. Der Rest des Eises muss jedoch 50 Meter von der Eisdiele verzehrt werden („Hessische Nie-dersächsische Allgemeine", 24. April 2020).*

Der deutsche Obrigkeitsstaat setzt auf Verbote und auf Maßregelungen, seien sie auch noch so absurd, Paris setzt auf die Einsicht der Bürger.

Sofern irgend möglich, verlassen die Pariser die Stadt. Heine spottet: „Man sagt, auf dem Hotel-de-Ville seyen seitdem über 120.000 Pässe ausgegeben worden. Obgleich die Cholera sichtbar zunächst die ärmere Klasse angriff, so haben die Reichen gleich die Flucht ergriffen. Gewissen Parvenüs war es nicht zu verdenken, daß sie flohen; denn sie dachten wohl, die Cholera, die weit aus Asien komme, weiß nicht, daß wir in der letzten Zeit viel Geld an der Bör-se verdient haben, und sie hält uns vielleicht noch für einen armen Lump, und lässt uns ins Gras beißen. (…) Das Volk murrte bitter, als es sah, wie die Reichen flohen, und be-packt mit Aerzten und Apotheken sich nach gesündern Ge-genden retteten. Mit Unmuth sah der Arme, daß das Geld auch ein Schutzmittel gegen den Tod geworden. Der größte Theil des Justemilieu und der haute Finanze ist seitdem ebenfalls davon gegangen und lebt auf seinen Schlössern."

Johann Benedikt Wunder: „Cholera Praeservativmann",
1832
Wellcome Collection, CC-BY 4.0

Flanell gegen die Cholera, Maskierungen und Impfungen gegen Corona. Heine glaubt an Flanell.

Allerdings lobt Heine die königliche Familie, die nicht geflüchtet ist, und die Königin hat sogar selbst gefertigte Leibbinden an die Freunde und Diener verteilt. „Die Sitten der alten Chevalerie sind nicht erloschen; sie sind nur ins Bürgerliche umgewandelt; hohe Damen versehen ihre Kämpen jetzt mit minder poetischen, aber gesünderen Schärpen. Wir leben ja nicht mehr in den alten Helm- und Harnischzeiten des kriegerischen Ritterthums, sondern in der friedlichen Bürgerzeit der warmen Leibbinden und Unterjacken; wir leben nicht mehr im eisernen Zeitalter, sondern im flanellenen", kommentiert Heine mit spitzer Feder.

Die „Allgemeine Zeitung" aus Augsburg schreibt hierzu am 18. April 1832: „Unter den Augen der Königin und ihrer Töchter wurden, wie man versichert, gegen 6.000 Flanellgurten und 10.000 Wolldecken geschnitten und nach den Hospitälern so wie den Armen ins Haus gesandt."[67] Dieser Bericht dürfte der Realität nahe kommen. Heine jedoch zielt mit seiner Darstellung, die Königin habe eigenhändig Leibbinden gefertigt, vermutlich auf eine satirische Wirkung ab. Und er unterstreicht seine Intention mit der weiteren Bemerkung: „Flanell ist wirklich jetzt der beste Panzer gegen die Angriffe des schlimmsten Feindes, gegen die Cholera. (…) Ich selbst stecke bis zum Halse in Flanell, und dünke mich dadurch cholerafest. Auch der König trägt jetzt eine Leibbinde vom besten Bürgerflanell."

Die Bundesbürger können sich freuen, „die Bundesregierung", wie es im Anschreiben heißt, schickt ihnen einen Brief.

Mit einem Schreiben ohne Datum, etwa Anfang Januar 2021, versendet die Bundesregierung zwei „Berechtigungsscheine", damit sich die Bürger „gegen eine geringe Eigenbeteiligung" unter Vorlage der fälschungssicheren Gutscheine in den Apotheken Schutzmasken „mit hoher Schutzwirkung" abholen können. Um gendergerecht „die Apothekerin oder den Apotheker" in ihrer Arbeit zu entlasten, bittet die Bundesregierung darum, die beiden Gutscheine vor dem Apothekenbesuch voneinander zu trennen. Die Bundesregierung hat die Dinge also fest im Griff und versteht es, auch für das Trennen der Gutscheine einen wichtigen Hinweis zu geben.

Die Bundesregierung beruhigt zudem, dass die Bürger bis auf zwei Euro pro Gutschein nichts bezahlen müssen, denn, da kann sich der mit den Gutscheinen Bedachte freuen, der Deutsche Bundestag hat die erforderlichen Mittel bereitgestellt. Also bezahlt der Steuerzahler die Masken. Letzteres erfährt der Bürger allerdings nicht aus dem Anschreiben der Bundesregierung.

In einem bemerkenswerten offenen Brief wendet sich der Publizist Boris Blaha am 3. Februar 2021 an die „Sehr geehrte Frau Bundeskanzlerin", um ihr die unverlangt zugesandten Berechtigungsscheine postwendend zurückzuschicken.[68] Blaha sei ein mündiger Bürger, der die persönliche Abwägung zwischen Lebens-Schutz und Lebens-Risiko ausschließlich selbst treffe.

Der Brief endet mit einer deftigen Empfehlung: „Sie haben als verantwortliche Bundeskanzlerin ohne Not mehr Schäden angehäuft als alle bisherigen Bundeskanzler zusammengenommen. Ich empfehle Ihnen deshalb zur Schadenbegrenzung dringend, ihr Amt umgehend zur Verfügung zu stellen." „Mit staatsbürgerlichen Grüßen" endet der Brief.

Eine Reaktion der Bundeskanzlerin ist nicht bekannt.

Allgemein herrscht in Frankreich Unsicherheit über die Ursache der Cholera. Sowohl die Vermutung, die Krankheit werde durch Ansteckung verbreitet, als auch die

Portrait einer Cholera-Präservativ-Frau
von M. G. Saphir.

Über Flanellbinden einen kupfernen Brustfleck, ein Mieder aus Gummi Elasticum, Über dem Ende einen Gürtel von Keinen Saugpumpen, mit neun Raamann fliegenden Schlaf aus Wachstaft Unterkindlein, an Pelze drüdrugde mit Baumwölchen garnirt. Schuhe und Uebernschuhe mit Wärmflaschen. In großen runden Viger Ermeln hat sie Bädre, Eksudovollen, Bismen, Fandsade u. s. w. eingepackt. Um den Hals an Ostlen aus Ulzesteinen und Pflersterksern. In den drei Haarflechten hat sie Eormflande- Chlorkalk-Topf und Soppitanaam sesben Oben an der Spitze eine Keine Windmühle, um die Luft zu reinigen. In den Ohren Gehänge von Zwiebeln und Renam Knoblauß, woran als Stein Storigni ein Kampfesflaschchen. Ein Band, welches unter dem Kinn zugebunden wird aus Wahholtrnbaum und Dauflumsslaschm. In der einen Hand im Korbchen mit einem zehncentrischen Emerband, Ziegela, Wasserkrügen u. s. m. In der andern Hand einen aufgespannten Sonnenhim mit einem Wacholden merzg, Kleine Säcke mit Chlorkalk hängen an den Fischbeinen und an der Spitze ist eine Nothglocke angebracht. Für Schweißhindben läuft Sintenker, mit einem Oelens Ende an den Leib, den Haurof mit Piederanigen geschmackt und die Füße in Stiken. In den Munde trägt er einem Queaerok, an zween beiden Enden ein Luvanane Apparat mit Wieshleien hängen. Um den Hals trägt er eine Kupferplatte mit der Inschrift: Nur keine Einfuhr!

Nürnberg, bei P. C. Geisoler.

Überlegung, die Krankheit werde durch soziale Missstände ausgelöst, finden jeweils Befürworter. Die letztere Vermutung, soziale Malaisen trügen zur Verbreitung der Cholera bei, wird dadurch gedeckt, dass in den Vierteln der Ärmeren etwa achtmal häufiger Ansteckungen festzustellen sind, als in den Vierteln der Wohlhabenden. Da manche Ärzte der Ansicht sind, die Krankheit könne vermieden werden, wenn die Menschen ihre Körper warm hielten, ist die Spendenaktion für warme Kleidung angesichts des aktuellen Wissenstandes über die Krankheit keineswegs abwegig. Heines Spöttelei über Bürgerflanell ist zwar amüsant, aber nicht weise.

Es sei notwendig, die Ursachen der Krankheit zu bekämpfen und daher sei es erforderlich, sich warm anzuziehen und besonders den Unterbauch und die Füße warm zu halten, schreibt „Le Moniteur universel" am 30. März 1832. Wörtlich heißt es dort, „es ist gut, den nackten Bauch mit einem Wollgürtel zu umbinden, auf dem Körper Leibchen aus Wolle oder Flanell zu tragen und Wollpantoffeln zu tragen." Der „Moniteur universel" zitiert die Empfehlungen der staatlichen „Instruction Populaire sur les principeaux moyens à employer pour se garantir du choléra-morbus et sur la conduite à tenir lorsque cette maladie se déclare" vom 15. November 1831, einer Schrift, die vier Monate vor Ausbruch der Cholera in Paris veröffentlicht worden ist, einer Instruktion mit einem beeindruckenden Namen.

Grandville: Le ministère attaqué du Cholera morbus
(Das von der Cholera heimgesuchte Ministerium)

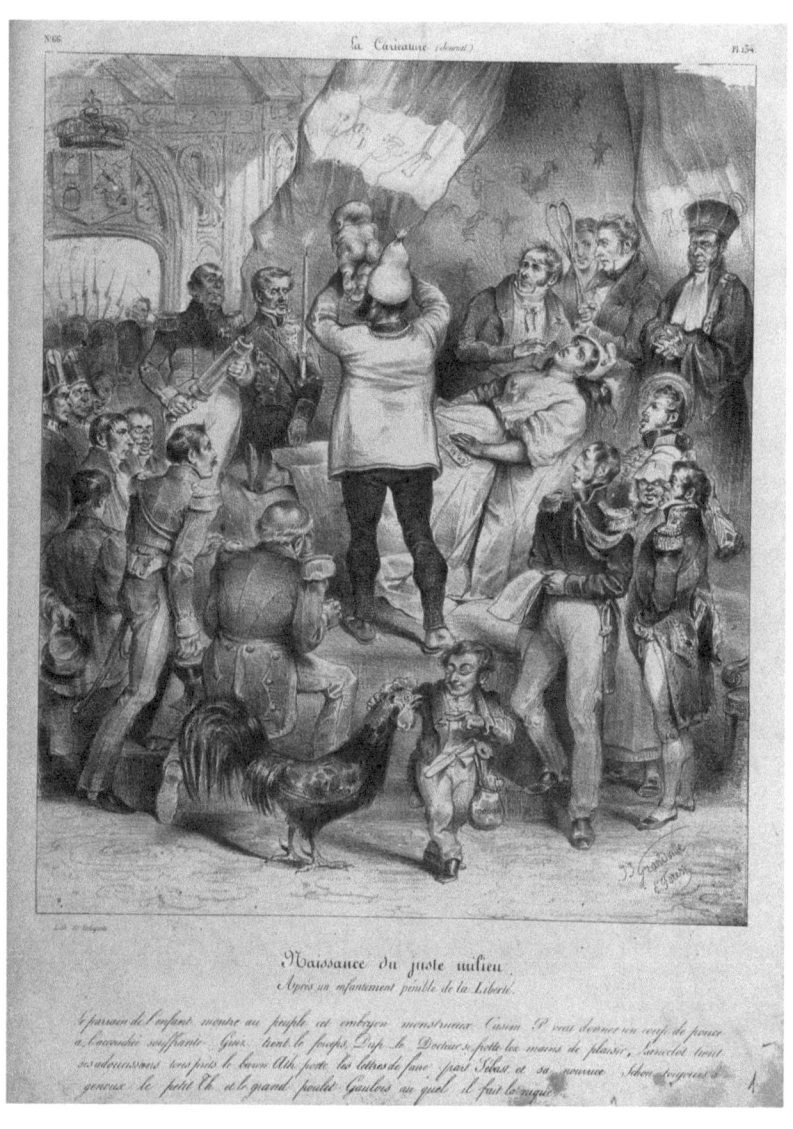

Eugène Devéria: „Naissance du juste milieu", 1831
(Geburt des Juste Milieu)
Wellcome Collection CC BY 4.0

*Rund 190 Jahre später setzt die Obrigkeit zur Ein-
dämmung der Epidemie nicht mehr auf Flanell und auf
Empfehlungen, die gesellschaftlichen Kontakte einzuschränken, sondern auf strikte staatliche Anordnungen, die
quarantäneähnliche Zustände verfügen und die Menschen
verpflichten, Mund und Nase mit einer Maske zu verhüllen,
wenn sie die Zentren der Städte besuchen oder einkaufen
wollen. Und der betreuende Staat verkündet, unermüdlich
Hoffnung verbreitend, Impfungen der Bevölkerung gegen
Covid-19 würden das Virus außer Kraft setzen, weil die
Menschen nach der Impfung immun würden.*

*Es geht mit den Impfungen nur langsam voran, weil
die Obrigkeit es versäumt hat, rechtzeitig ausreichende
Mengen der Impfstoffe zu beschaffen. Über diese Versäumnisse verbreiten sich die Leitmedien vernehmlich. Über die
eigentlichen Fragen, die zur Impfwirkung zu stellen wären,
gehen viele Medien jedoch nonchalant hinweg.*

*Beunruhigender ist nämlich, dass für die jetzt verab-
reichten Impfungen kaum Erfahrungen vorhanden sind. Die
Wissenschaftler wissen nicht, ob die Impfungen zu den ge-
wünschten Erfolgen, der Immunisierung der Bevölkerung
führen, und sie wissen vor allem nicht, welche Langzeitwir-
kungen die Impfungen haben können. Im Gegensatz zu den
herkömmlichen Impfungen, die in jahrelangen Testserien
entwickelt werden, erhalten die Menschen jetzt Impfungen,
die im Schnellverfahren innerhalb weniger Monate zuge-*

Benjamin Ferrey: „Hôtel Dieu, Paris", 1830
Wellcome Collection, CC-BY 4.0

lassen worden sind. Es handelt sich um ein großes Experiment - mit ungewissem Ausgang.

Verwunderlich, am Rande: Gentechnisch veränderte Lebensmittel stoßen in breiten Bevölkerungskreisen auf vehemente Ablehnung, für Impfungen gegen Covid-19, für die keine Langfrist-Erfahrungen vorliegen, bestehen nur bei Minderheiten Bedenken, bei Minderheiten, die als „Querdenker" und „"Coronaleugner" diffamiert werden. Die überwiegende Mehrheit der Bürger möchte so schnell wie möglich geimpft werden. Diese Doppel-Wertung ist originell, wenn man sie nicht, deutlich treffender, als bizarr bezeichnen möchte.

Mit drastischem Sarkasmus lobt Heine die Katholische Kirche. „Da ich mal im Zuge bin, will ich auch den Erzbischof von Paris loben, welcher ebenfalls im Hotel-Dieu, nachdem der Kronprinz und Perier dort ihren Besuch abgestattet, die Kranken zu trösten kam. Er hatte längst prophezeiht, daß Gott die Cholera als Strafgericht schicken werde um ein Volk zu züchtigen, welches den allerchristlichen König fortgejagt und das katholische Religionsprivilegium in der Charte abgeschafft hat. Jetzt, wo der Zorn Gottes die Sünder heimsucht, will Hr. v. Quelen sein Gebet zum Himmel schicken und Gnade erflehen, wenigstens für die Unschuldigen; denn es sterben auch viele Karlisten."

Also, die Ursache der Cholera ist für den Erzbischof offenbar: Es handelt sich um ein göttliches Strafgericht, weil Revolutionen die göttliche Ordnung, die Bourbonenherrschaft, beseitigt haben. Lediglich die Karlisten, die „Unschuldigen", die für den ehemaligen Bourbonenkönig Karl X. eintreten, sollten von der Cholera verschont bleiben. Die „verstockten Revolutionssünder" hingegen sollte man „ohne Mahnung an ewige Verdammniß und Höllenqual, ohne Beicht und Oelung, an der bloßen Cholera sterben lassen." Die Katholische Kirche nutzt unverblümt die Gelegenheit, eine Epidemie für agitatorische Zwecke zu instrumentalisieren.

Der Vergleich des Verhaltens der deutschen Fürsten mit dem der französischen Adligen in der Cholera-Krise zeigt, dass die Deutschen ein klägliches Bild abgegeben haben. Friedrich Arnold Steinmann schreibt bildmächtig in seinem Buch „Briefe aus Berlin. Geschrieben im Jahr 1832": „Während wir hier in Berlin das Dankfest für die Befreiung von der Cholera begangen haben, hat das Ungethüm urplötzlich seine Siebenmeilenstiefel angezogen und seine unsichtbaren Geisterarme bis nach Paris ausgestreckt, und raset und wüthet mit gesteigerter Wuth. Während deutsche Fürsten und Prinzen sich wider die Cholera verpalisadirten, besuchte der Kronprinz von Frankreich die Cholerakranken im Hotel Dieu. Der Erzbischof von Paris hat Kirchengebete wider den asiatischen Unhold angeordnet, und die Pariser - beten und rasen wie Wahnsinnige, welche ihre Ketten zersprengt, durch die Straßen."[69]

Als positiv vermerkt Steinmann in seinen „Briefen", dass „die Cholera, die Harpye[70] unter den Seuchen die Länder säubert von Taugenichtsen, Schlemmern und Trunkenbolden, den dichten Menschenwald lichtet vom hohen Adel bis zum niedern Pöbel, unbarmherzig, aber partheilos. Auch viel Köpfe hat sie gereinigt von schlechten Ansichten und erbärmlichen Ideen."

Nicht nur der richtige katholische Glaube und ein „geweihter Rosenkranz" verschonen vor der Cholera, sondern auch die richtigen Weltanschauungen vermeiden die Krankheit, stellt Heine fest: „Die Saint-Simonisten rechnen zu den Vorzügen ihrer Religion, daß kein Saint-Simonist an der herrschenden Krankheit sterben könne; denn da der Fortschritt ein Naturgesetz sey, und der soziale Fortschritt im Saint-Simonismus liege, so dürfe, so lange die Zahl seiner Apostel noch unzureichend ist, keiner von denselben sterben."

„Le Globe" versichert seinen Lesern hierzu am 11. April 1832, es gäbe nur einen Weg, die Cholera abzuwehren, nämlich auf die Moral der Massen zu setzen. Wer eine zufriedenstellende moralische Haltung zeige, habe von der „Pest" nichts zu befürchten. So werden „wir", die glauben und gelassen in die Zukunft blicken, von der Krankheit nicht getroffen.[71]

Heine schreibt weiter: „Die Bonapartisten behaupten: wenn man die Cholera an sich verspüre, so solle man gleich zur Vendomesäule hinaufschauen: man bleibe alsdann am Leben. So hat Jeder seinen Glauben in dieser Zeit der Noth." Heines Glauben ist mehr diesseitig ausgerichtet: „Was mich betrifft, ich glaube an Flanell."

ANGST

„Angst ist bei Gefahren das Gefährlichste.“ [72]

Das göttliche Strafgericht kann nicht einmal in dieser schwierigen Zeit als Sinndeutung der Krankheit dienen und zur Beruhigung der Bevölkerung beitragen. Für eine derartige Lesart ist die aufgeklärte Gesellschaft der 1830er Jahre kaum noch zugänglich. „Obgleich man behauptet“, schreibt Heine, „daß der Katholizismus eine passende Religion sey für so unglückliche Zeiten, wie die jetzigen, so wollen doch die Franzosen sich nicht mehr dazu bequemen, aus Furcht, sie würden diese Krankheitsreligion alsdann auch in glücklichen Tagen behalten müssen.“ Fraglich ist, inwieweit hier Heines eigene „Furcht“ vor dem Katholizismus die gesellschaftliche Realität widerspiegelt, oder ob die Religion tatsächlich in breiten Bevölkerungskreisen keine Rolle mehr spielt.

Während sich die Verunsicherung der Bevölkerung in den unteren Schichten in Gewalt Bahn bricht, verfällt die Elite in absurde Exerzizien zur Selbsttherapie. „Man soll, haben die Ärzte gesagt, keine Furcht haben und jeden Aerger vermeiden; nun aber fürchten sie, daß sie sich mal unversehens ärgern möchten und ärgern sich wieder, daß sie deshalb Furcht hatten. Sie sind jetzt die Liebe selbst, und gebrauchen oft das Wort mon Dieu, und ihre Stimme ist hingehaucht milde." Und weiter belustigt sich Heine: „Dabei riechen sie wie ambulante Apotheken, fühlen sich oft nach dem Bauche, und mit zitternden Augen fragen sie, jede Stunde, nach der Zahl der Todten. Daß man diese Zahl nie genau wußte, oder vielmehr, daß man von der Unrichtigkeit der angegebenen Zahl überzeugt war, füllte die Gemüther mit vagem Schrecken und steigerte die Angst ins Unermeßliche."

In der „Tribune" vom 1. April heißt es hierzu: „Sie existieren nur noch, um die Polizeibefehle und die Bulletins der Hospitäler zu lesen, den Blick darauf fixiert, die Zahlen der Toten zu lesen. (…) Sie verbringen ihre Zeit damit, die ‚Krankenhaus-Gazette' zu lesen, so wie der ‚Eingebildete Kranke'."[73]

Die hysterischen Reaktionen der oberen Bevölkerungsschicht sind weitgehend unbegründet, denn vor allem in der Unterschicht erkranken und sterben die Menschen an der Cholera, und sie sterben sehr schnell. In der Szene, in der Heine den „Demi-Carême" beschreibt, die Ausgelassenheit, die Übermütigkeit, das Gelächter, die laute Musik, den plötzlichen Tod des Harlequins und das unmittelbar anschließende Begräbnis, diese Szene lässt es verständlich erscheinen, selbst wenn sie konstruiert und nicht real anmutet, dass die Menschen angesichts der Erlebnisse Ängste entwickeln.

Der Tod trifft nicht vereinzelt, sondern ein Massensterben überzieht die Stadt. „Wo man nur hinsah auf den Straßen, erblickte man Leichenzüge, oder, was noch melancholischer aussieht, Leichenwagen, denen Niemand folgte. Da die vorhandenen Leichenwagen nicht zureichten, mußte man allerlei andere Fuhrwerke gebrauchen, die, mit schwarzem Tuch überzogen, abenteuerlich genug aussahen. Auch daran fehlte es zuletzt, und ich sah Särge in Fiakern fortbringen; man legte sie in die Mitte, so daß aus den offenen Seitenthüren die beiden Enden herausstanden. Widerwärtig war es anzuschauen, wenn die großen Möbelwagen, die man beim Ausziehen gebraucht, jetzt gleichsam als Tothen-Omnibusse, als omnibus mortuis, herumfuhren, und sich in den verschiedenen Straßen die Särge aufladen ließen, und sie dutzendweise zur Ruhestätte brachten."

Die Unsicherheit ist allgegenwärtig, die Angst steigt ins Unermessliche. Es ist mit Millionen Toten zu rechnen.

Im Jahr 2020 versucht die Administration, im Gegensatz zu den Intentionen der Pariser Administration vor rund 190 Jahren, die Bevölkerung in Unruhe zu bringen.

Am 1. April 2020 warnt der Präsident des Robert Koch-Instituts, Lothar Wieler, in Deutschland werde es in kurzer Zeit rund 10 Millionen mit dem Corona-Virus Infizierte geben, da sich das Virus rasant ausbreite. (Aktuell sind zu diesem Zeitpunkt gerade 8.100 Fälle Infizierter registriert).[74] Die „Tagesschau" beruft sich am 29. März 2020 im „Faktenfinder" auf nicht genannte „Experten", die für Deutschland „weit mehr als 50 Millionen infizierte Menschen" schätzen, die „dem Virus schutzlos ausgeliefert sind." Es könnte „Millionen Erkrankte mit schweren oder sogar kritischen Verläufen geben."[75]

Im Interview mit dem „Deutschlandfunk" erklärt der Virologe Martin Stürmer am 17. März 2020, in Deutschland seien im schlimmsten Fall „knapp 500.000 zusätzliche Tote" zu erwarten, eine Aussage, die der Interviewer so kommentiert: „Zahlen, die man nicht oft genug nennen kann in diesen Tagen."[76] Und das geschieht dann auch; aus allen Ecken werden Horrorzahlen gemeldet.

Im „Bild"-Interview legt sich Bundesinnenminister Horst Seehofer am 30. März 2020 zwar nicht auf genaue Zahlen fest, bekräftigt jedoch, dass es ohne Handeln „wegen Corona" auch „Millionen Tote" gibt. Es sind also mehrere Millionen Tote zu erwarten. Seehofer hat mit seiner Warnung allerdings fast ein Alleinstellungsmerkmal, denn im Regelfall belassen es die Auguren bei einigen hunderttausend Corona-Toten und überschreiten nur selten die Millionengrenze.[77]

Seehofer geht es darum, Panik zu verbreiten, um sich breite Handlungsspielräume zu eröffnen. Dazu hat er über seinen Staatssekretär Markus Kerber ein Gutachten bestellt, das die Gefahr durch das Coronavirus dramatisch darstellt: Mehr als eine Million Menschen wären am Ende der Pandemie tot. Dies berichtet die „Welt am Sonntag" nach monatelangem Rechtsstreit über die Herausgabe von Dokumenten des Robert Koch-Instituts.[78] Für das Gefälligkeits-Gutachten, das helfen soll, „Maßnahmen präventiver und repressiver Natur" planen zu können, um die innere Sicherheit und Stabilität der öffentlichen Ordnung" aufrecht erhalten zu können, stehen der Chef des Robert Koch-Instituts Wieler, sowie Forscher des Leibniz-Instituts für Wirtschaftsforschung, der Stiftung Wissenschaft und Politik, des Instituts der Deutschen Wirtschaft und mehrerer

Universitäten zur Verfügung. Der Staatssekretär fordert „maximale Kollaboration" - und erhält sie von den Wissenschaftlern.[79]

Die „Welt am Sonntag" zitiert einige Stellen aus dem Schriftverkehr zwischen dem Innenministerium und den geschmeidigen Wissenschaftlern. So heißt es dort, es gelte „hohen Handlungsdruck aufzuzeigen" indem die Letalitätsrate der Menschen, die vom Virus infiziert sind, „vom Ziel her" ermittelt wird: „lieber schlimmer als zu gut."

Noch einmal: Das Ziel, eine hohe Letalitätsrate, wird vorab vom Innenministerium festgelegt, und die Wissenschaftler forschen dann so lange, bis die Forschungen dieses Ziel bestätigen.

Der Bundesinnenminister und seine willigen Helfer sind erfolgreich: Sie erzeugen Panik. Im Papier des Bundesinnenministeriums heißt es (in Original-Interpunktion und -Rechtschreibung): „Viele Schwerkranke werden von ihren Angehörigen ins Krankenhaus gebracht, aber abgewiesen, und sterben qualvoll um Luft ringend zu Hause. Das Ersticken oder nicht genug Luft kriegen ist für jeden Menschen eine Urangst. (...) Kinder werden sich leicht anstecken, selbst bei Ausgangsbeschränkungen, z.B. bei den Nachbarskindern. Wenn sie dann ihre Eltern anstecken, und einer davon qualvoll zu Hause stirbt und sie das Gefühl haben, Schuld daran zu sein, weil sie z.B. vergessen *haben, sich nach dem Spielen die Hände zu waschen, ist es das Schrecklichste, was ein Kind je erleben kann. "*

Diese Kommunikationsstrategie zeigt das Gutachten der biegsamen Wissenschaftler unter der Überschrift „Worst case verdeutlichen!" auf, einen „Worst case", den sie selber konstruiert haben.

Zusammengefasst: Das 17-seitige Gutachten „Wie wir COVID-19 unter Kontrolle bekommen" ist ein Dokument der Schande für die beteiligten Wissenschaftler und ein Dokument der Schande für die Führungspersonen des Bundesministeriums des Inneren.

Die Pariser leben in einer Extremsituation, täglich mit dem Tod konfrontiert und nahezu machtlos, einer Cholera-Infektion zu entgehen. Die Angst vor der Krankheit betrifft die reale Situation, hinzu kommt jedoch noch eine diffuse Angst vor gesellschaftlichen Umbrüchen, die in den Französischen Revolutionen zu manifester Gewalt und Terror geführt haben.

Die Cholera-Epidemie vergleicht Heine mit der „Schreckenszeit" der Französischen Revolution, „da die Hinrichtungen so rasch und so geheimnißvoll statt fanden. Es war ein verlarvter Henker, der mit einer unsichtbaren

‚Guillotine ambulante' durch Paris zog." Heines Leser werden sich mit Schaudern an die im Terror endenden Auswüchse der Französischen Revolution erinnern, die sie, gut vierzig Jahre nach 1789, zwar nur noch selten selbst miterlebt haben, die sie aber ahnen können, da die Schrecken, wie ich annehme, im kollektiven Gedächtnis eingeprägt sind.

Die Auswüchse befürchten und spüren nicht nur die ärmeren Klassen, die besonders von der Epidemie betroffen sind, sondern auch die Oberschicht, die, wie Heine schreibt, die „Reizbarkeit des Volkes" schreckt, weil ihre Privilegien nach gesellschaftlichen Unruhen bedroht sein könnten. Eine Destabilisierung des politischen Systems droht durchaus.

In Paris erwachen bei den Bürgern die politischen Leidenschaften, in Deutschland haben die Regierenden die Menschen unter ihrer Fuchtel.

Eine Destabilisierung ist in Deutschland nicht zu befürchten, zumindest nicht in der Weise, dass die Bevölkerung die gravierenden Einschränkungen in ihrem Leben nicht mehr willig akzeptierte. Im Gegenteil: Manchen gehen die verhängten Restriktionen gar nicht weit genug.

Monatelang werden staatliche Zwangsmaßnahmen verhängt, sei es, dass Geschäften nur ein eingeschränkter Publikumsverkehr erlaubt wird oder sie ganz geschlossen werden, sei es, dass Schulen und Kindergärten geschlossen werden, sei es, dass kulturelle Veranstaltungen, Sportveranstaltungen oder Besuche von Restaurants und Museen verboten werden. Nicht nur für den öffentlichen Raum verfügt die Verwaltung Einschränkungen, sondern auch im privaten Leben.

Die Maßnahmen werden beschlossen, weil die Verbreitung eines Virus verhindert werden soll. Um die Verbreitung zu erkennen, werden unterschiedliche Maßzahlen herangezogen, mal ist es die Reproduktionszahl R[80], die das Robert Koch-Institut regelmäßig errechnet, mal der Inzidenzwert mit willkürlich gesetzten Grenzwerten (100 oder 50 oder 35 oder sogar 0)[81], mal sind es die (freien) Kapazitäten in der Intensivpflege in den Krankenhäusern. Offensichtlich gefährdet das Virus die Bevölkerung in den einzelnen Landesteilen unterschiedlich: Die Bundesregierung und die Landesregierungen setzen jeweils eigene Grenzwerte für die Verhängung ihrer Restriktionen.

Gläubig nimmt eine breite Mehrheit der Bevölkerung die tägliche Veröffentlichung der Schreckenszahlen zur

Kenntnis. Dass die jeweils aktuellen Infektionszahlen von der Anzahl der Testungen abhängen, einer Zahl die in den Leitmedien nicht erwähnt wird, und dass die regelmäßig verkündeten Neuinfektionen kein Beleg für tatsächliche Infektionen sind, weil nur Virussignaturen, nicht jedoch aktive Viren erkannt werden, ficht nicht weiter an. Es werden also nicht real Erkrankte gezählt, sondern auch Menschen, die zwar Viruspartikel in sich tragen, die aber nicht zum Ausbruch der Krankheit führen können.

Wenn die willkürlich gesetzten Grenzwerte unterschritten werden, muss eine andere Legitimation für die Beschränkung der Freiheit herhalten, nämlich die Bedrohung, die von Mutationen des SARS-CoV-2 Virus ausgeht, die möglicherweise ansteckender sein können als die Ursprungsversion des Virus. Zwar ist das ursprüngliche Virus schon lange verschwunden und mehrere tausend Mutationen sind nach gut einem Jahr identifiziert worden, jedoch werden zwei, drei dieser Mutationen vorsorglich, ohne tatsächliche Erkenntnisse über deren Eigenschaften, als besonders infektiös erklärt, Eigenschaften, die es erfordern, jetzt erst recht restriktiv zu agieren. Ein ganzes Land wird vorsorglich stillgelegt, egal welche Folgen die Maßnahme für die Menschen und ihre soziale und wirtschaftliche Existenz haben mag.

Kopfnickend stimmt die weit überwiegende Mehrheit der Bevölkerung der Einschränkung ihrer verfassungsmä-

ßigen Grundrechte zu. Die Menschen leben in einem demo-
kratisch verfassten Staat, haben Grundrechte - und verhal-
ten sich wie Untertanen, die alle Maßnahmen, verbunden
mit der Einschränkung ihrer Rechte, und seien die Maß-
nahmen auch noch so absurd, geduldig hinnehmen. Die
Obrigkeit wird sich schon etwas dabei gedacht haben, es ist
ja alles zu unserem Besten.

Wer bestimmt eigentlich, dass die Gesundheit Vorrang
vor der Freiheit hat? In Paris heißt es seit 1789:
„Freiheit ,Gleichheit, Brüderlichkeit", nicht jedoch: „Ge-
sundheit, Gleichheit, Brüderlichkeit". Wir sollten uns bei-
zeiten an die Urfassung erinnern, die sich auch im Geist
des Grundgesetzes widerspiegelt.

In Paris ruhen die „politischen Leidenschaften" nicht,
stellt Ludwig Wittig in seinem Buch „Ein Jahrhundert der
Revolutionen" fest, und er ergänzt: „Am 22. Mai 1832 un-
terzeichneten die Abgeordneten der Opposition eine bei
Laffitte verfaßte Ansprache an das Volk, in der sie die Fehler und Mißgriffe der Regierung aufzählten und besonders
die schlechte Finanzwirthschaft, die großen Ausgaben, die
hohen Steuern und die Belastung der arbeitenden Klassen
rügten."[82] Offensichtlich ist in Frankreich in der Bevölkerung ein wacher Geist intakt geblieben, trotz der verheerenden Auswirkungen der Cholera.

Die Fortsetzungsreihe der „Französischen Zustände"
beendet die „Allgemeine Zeitung" (vorerst) mit einem be-
rührenden Glanzstück deutscher Literatur, Heines Betrof-
fenheit über das Sterben an der Cholera, überleitend zu einem hoffnungsvollen Ausblick.

„Ich will, um die Gemüther zu schonen, hier nicht er-
zählen, was ich auf dem Père-la-Chaise gesehen habe. Genug, gefesteter Mann wie ich bin, konnte ich mich doch des
tiefsten Grauens nicht erwehren. Man kan an den Sterbe-
betten das Sterben lernen und nachher mit heiterer Ruhe
den Tod erwarten; aber Begrabenwerden, unter die Chole-
raleichen, in die Kalkgräber, das kan man nicht lernen. Ich
rettete mich so rasch als möglich auf den höchsten Hügel
des Kirchhofs, wo man die Stadt so schön vor sich liegen
sieht. Eben war die Sonne untergegangen, ihre letzten
Strahlen schienen wehmüthig Abschied zu nehmen, die
Nebel der Dämmerung umhüllten wie weiße Laken das
kranke Paris, und ich weinte bitterlich über die unglückliche Stadt, die Stadt der Freiheit, der Begeisterung und des
Martyrtums, die Heilandstadt, die für die weltliche Erlö-
sung der Menschheit schon so viel gelitten."

Heine schreibt, zu unserem Glück, weiterhin. Und die
„Allgemeine Zeitung" veröffentlicht später auch neue Beiträge des journalistischen Dichters.

STRATEGIEN

Die Beschreibungen der Augenzeugen über die Cholera und ihre Auswirkungen auf das gesellschaftliche Leben vermitteln manches Mal den Eindruck, die Regierung in Paris verfolge hilflos die verheerenden Entwicklungen der Epidemie. Die Zeitzeugen übersehen jedoch, dass durchaus rechtzeitig Strategien, wenn auch aufgrund fehlender Kenntnisse über die Krankheit teilweise nur vage, zur Bekämpfung der Cholera entwickelt worden sind. Der Bericht „Rapport de l'Académie Royale de Médecine sur le Choléra-Morbus" aus den Sitzungen der Académie vom 26. und 30 Juli 1831 zeigt, dass frühzeitig sorgfältige Überlegungen angestellt worden sind, wie der Cholera in Frankreich zu begegnen sei, zu einem Zeitpunkt, als die Cholera im fernen Osten, zum Beispiel in St. Petersburg oder Moskau, auftritt.

In ihren Ratschlägen an die Verwaltung („Autorités Administratives") benennt die Académie als mögliche Prävention gegen die Cholera, Absperrungen und Grenzkontrollen gegenüber anderen Ländern einzurichten, eine Maßnahme, die leicht zu realisieren und wirksam sei. Im Inneren Frankreichs dagegen dürften Hygienekordons („Cordons sanitaires") eine verheerende Wirkung haben, wenn also ein Departement von einem anderen, eine Stadt von einer anderen oder sogar Stadtteile voneinander abgegrenzt würden.[83] Wenn trotz der Grenzschließungen die Cholera nach Frankreich vordringe, wären nur hygienische Maßnahmen sinnvoll, nicht jedoch Quarantänemaßnahmen.

Sie sollten vor Scham im Erdboden versinken. Die staatsnahen Wissenschaftler der Leopoldina geben ein geistiges Armutszeugnis ab ...

Der Bericht der „Académie Royale" im Jahr 1831 zur Bekämpfung der Cholera umfasst 199 Seiten, ein entscheidendes Gutachten der Leopoldina im Dezember 2020 als Grundlage zur Eindämmung der Corona-Infektionen mit der Empfehlung der weitgehenden Einschränkung des sozialen und wirtschaftlichen Lebens in Deutschland während mehrerer Monate, dieser Bericht beschränkt sich auf knapp 5 Seiten (in Worten: fünf). (Auf weiteren zwei Seiten sind die Namen der Beteiligten der Leopoldina-Stellungnahme aufgeführt, insgesamt vierunddreißig Personen mit vielen akademischen Titeln, genderkorrekt jeweils zur Hälfte Männer und Frauen.)[84]

Die Leopoldina, mit vollständigem Namen „Deutsche Akademie der Naturforscher Leopoldina - Nationale Aka-

demie der Wissenschaften", hat die Aufgabe, unabhängig und dem Gemeinwohl verpflichtet, gesellschaftliche Zukunftsthemen wissenschaftlich zu bearbeiten. Dieser Aufgabe, wissenschaftlich zu arbeiten, kommt die Leopoldina in ihren Stellungnahmen zur „Corona-Pandemie" keineswegs nach, weil es keine stringenten Begründungen für die vorgeschlagenen Maßnahmen und nur eine einheitliche Empfehlung ohne Alternativen gibt. Der Verzicht auf wissenschaftliche Auseinandersetzungen mit möglicherweise kontroversen Strategien verwundert nicht, da der eingetragene Verein von der Bundesrepublik Deutschland (80 Prozent) und dem Land Sachsen-Anhalt (20 Prozent) finanziert wird und es angebracht erscheinen mag, keinen Widerspruch zu der Strategie der Bundeskanzlerin und den Länder-Ministerpräsidenten zu zeigen. Die Staatsnähe der Leopoldina hat sich übrigens auch in der Zeit des Nationalsozialismus und der DDR-Diktatur bewährt.

Die Leopoldina stellt einmütig fest, es sei aus wissenschaftlicher Sicht unbedingt notwendig, „schnell und drastisch" das öffentliche Leben dadurch einzuschränken, dass die Schulpflicht aufgehoben wird, Aktivitäten im Bereich von Kultur und Sport eingestellt werden, alle Geschäfte bis auf diejenigen des täglichen Bedarfs geschlossen werden und alle sozialen Kontakte außerhalb des eigenen Haushalts zu unterlassen sind. „Situationen, in denen laut gesprochen oder gesungen wird, sind zu vermeiden."

Im Theater und in der Oper wird laut gesprochen oder gesungen. Aus wissenschaftlicher Sicht, erkennt die Leopoldina, sollen wir unsere Kultur zerstören.

Wie im Gegensatz zu dem dürftigen Gefälligkeitsgutachten der Leopoldina ein fundierter wissenschaftlicher Bericht aussehen kann, zeigt wiederum eine Ausarbeitung Rudolf Virchows, der im Jahr 1852, seine behagliche Gelehrtenstube verlassend, sich vor Ort im Spessart mitten im Winter einen genauen Eindruck über die „medicinischen Zustände" der Bevölkerung verschafft. Mündlich und schriftlich („Die Noth im Spessart", 55 Seiten) gibt Virchow der „Physicalisch-Medicinischen Gesellschaft in Würzburg" Auskunft über seine Forschungsergebnisse.

Die Frage, ob jemand aus dem Kreis der vierunddreißig hochdekorierten Wissenschaftler der Leopoldina die Erkenntnisse des Mediziners Rudolf Virchow aus seiner Reise kennt, kann in Anbetracht ihrer zweifelhaften Handlungsempfehlungen zur Eindämmung der SARS-CoV-2-Infektionen eindeutig beantwortet werden: Sie sind unwissend, allesamt.

Virchow fasst nämlich in dem Bericht die Erkenntnis seines Einblicks in das beschwerliche Leben im Spessart in einem Satz zusammen: „Bildung, Wohlstand und Freiheit sind die einzigen Garantien für die dauerhafte Gesundheit eines Volkes."[85]

Die Leopoldina-Autoren setzen mit ihren Empfehlungen, das kulturelle und soziale Leben drastisch zu beschränken, bedenkenlos die Garantien zur dauerhaften Gesundheit des Volkes aufs Spiel: Bildung, Wohlstand und Freiheit.

Doch halt! Ein Mitglied der Leopoldina, das allerdings nicht an der Veröffentlichung der Leopoldina-Empfehlungen beteiligt ist, widerspricht und schreibt, die Experten hätten nicht als Forscher, „sondern als politische Aktivisten gehandelt."[86] Michael Esfeld, Wissenschaftsphilosoph an der Universität Lausanne, weist darauf hin, „dass Wissenschaft stets ein Prozess der Erkenntnissuche ist, in dem es eine Pluralität von mit Vernunft vorgetragenen Stimmen gibt. Folglich kann es keine wissenschaftliche Politikberatung geben, die zentrale staatliche Planung des Lebens von Menschen mit dem damit verbundenen Zwang als ‚aus wissenschaftlicher Sicht unbedingt notwendig' erweist."[87]

Aber Michael Esfeld ist ein „Abweichler", einer, auf den nicht zu hören ist. Es ist jedoch ein fundamentaler Fehler, Esfelds Ansichten nicht zu beachten, denn unabhängige Denker aus den Entscheidungsprozessen auszuschließen, kann zu gefährlichen Fehlentscheidungen führen.

Der US-amerikanische Soziologe Irving Janis hat vor 40 Jahren analysiert, wie Entscheidungsprozesse in Grup-

*pen ablaufen. Er kommt zu der Erkenntnis, dass das Grup-
pendenken („Groupthink") eine realistische und kritische
Bewertung einer Sachlage verhindert, weil Gruppen sich
selbst überschätzen, engstirnig sind und einen Uniformi-
tätsdruck ausüben. Informationen, die nicht in das Weltbild
der Gruppe passen, werden ausgeblendet und Alternativen
für Entscheidungen bleiben unerörtert. Neubewertungen
getroffener Entscheidungen werden vernachlässigt. Bei einer autoritären Gruppenführung werden diese Gefahren
noch verstärkt.[88]*

*Irving Janis, der 1990 gestorben ist, hat unter ande-
rem katastrophale Entscheidungen der Kennedy-Adminis-
tration (z.B. das Kuba-Desaster mit dem Invasionsversuch
der USA in Kuba) untersucht. Seine Erkenntnisse dürften
auch für die Entscheidungsprozesse zur Eindämmung der
Corona-Infektionen zutreffen. Ein Virologe, nicht Epidemiologe, Christian Drosten, und der Präsident eines wei-
sungsabhängigen Instituts, des Robert Koch-Instituts, Lothar Wieler, dominieren mit ihren Empfehlungen die Entscheidungen, die von einer autoritären Führung, der Bundeskanzlerin, verordnet werden.*

*Es darf daher nicht verwundern, dass wesentlich nur
die medizinischen Aspekte der Corona-Infektionen, die gesellschaftlichen Schäden aus den Entscheidungen jedoch
kaum bedacht werden. Ein fataler Fehler liegt vor, wenn
der „Denk-Korridor" so eng eingeschränkt wird.*

... Paris hingegen empfiehlt, nicht auf Schar-
latane hereinzufallen.

Ende 1831 und Anfang 1832 lässt die französische
Regierung in einigen zehntausend Exemplaren Instruktionen („Instruction Populaire") verteilen, die auf etwa 20 Seiten Ratschläge an die Bevölkerung enthalten, wie sie sich
bei einer Cholera-Epidemie verhalten solle.[89] Die Instruktionen stimmen die Bevölkerung auf den Ernst der Lage
ein, indem sie gleich zu Beginn darauf hinweisen, dass die
Cholera zwar eine ernsthafte Krankheit sei („maladie gra-
ve"), aber andere Epidemien weitaus schlimmer wüteten.
Die Ansteckungsrate läge lediglich bei eins zu fünfund-
siebzig, in bestimmten Städten sogar nur bei eins zu zwei-
hundert. Und wer keine Angst habe und die richtigen Vor-
sorgemaßnahmen treffe, dürfte gut geschützt sein.

Es folgen viele Einzelhinweise, wie beispielsweise
gechlortes Wasser bereitzuhalten, die Räume gut zu lüften,
die „Nachtvasen" mit Fäkalien und Urin häufig zu leeren
oder am Abend rechtzeitig nach Hause zu kommen und die
Nacht nicht in Cafés oder Cabarets zu verbringen. Ausführ-
liche Hinweise betreffen die Ernährung und die Getränke,
wobei Wein als Getränk eine besondere positive Wirkung
zugeschrieben wird, allerdings müsse er von höherer Quali-

tät sein. Und Rotwein ist der Vorzug gegenüber Weißwein zu geben.

Am Ende der Instruktionen findet der Leser die Mahnung, nicht auf Scharlatane hereinzufallen, die Heilmittel anpreisen, sondern den Behörden zu vertrauen, die umgehend die Bevölkerung informieren werden, wenn ihnen neue Heilmittel bekannt würden.

Die Hinweise an die Bevölkerung sind, auch wenn sie teilweise sehr ins Einzelne gehen, insgesamt durchaus praktikabel, eine Cholera-Epidemie einzudämmen, wenn sich die Bevölkerung nach ihnen richtet. Allerdings könnte auch ein anderer Aspekt bei der Veröffentlichung der Maßnahmen zur Bekämpfung der Cholera eine Rolle spielen, nämlich die Autorität der Behörden ins rechte Licht zu rücken. Auffallend ist die widersprüchliche Anmerkung, die Bevölkerung müsse einerseits keine allzu große Furcht vor der Krankheit haben, aber andererseits solle sie detaillierten Regelungen zur Lebensführung folgen. Allerdings sind die Hinweise nicht als Anweisungen formuliert, denen unbedingt Folge zu leisten ist, sondern eher als Ratschläge. Die Gegensätzlichkeit und anklingende Unverbindlichkeit dürften eine gewisse Unsicherheit hervorrufen und manchen davon überzeugen, im Zweifel lieber den Empfehlungen der Behörden zu folgen. Insofern dienen die Vorschläge durchaus zur Disziplinierung einer Bevölkerung, die, wie die Jahre 1789 und 1830 gezeigt haben, revolutionären Umbrüchen nicht abgeneigt ist.

In Deutschland setzt die Exekutive heute im Gegensatz zur französischen Regierung des Jahres 1832 nicht auf Ratschläge zur Eindämmung der Infektionen, sondern auf Gefolgschaft. Strikte Anordnungen verhindern eigenverantwortliche Spielräume in der Ausgestaltung des sozialen Lebens, Anordnungen, die nicht einmal auf der Grundlage breiter wissenschaftlicher Diskurse erteilt, sondern in einem kleinen Kreis Gleichgesinnter ersonnen werden (s.o.).

Die deutsche Obrigkeit bevormundet die Bürger in den Jahren 2020 ff., mündige Bürger sind nicht gefragt, zur Freude der Regierenden gibt es sie auch nur selten. Die Bürger lassen sich gerne gängeln. Mehr als die Hälfte der Bürger, die in Umfragen befragt werden, halten die Maßnahmen zur Eindämmung der Infektionen für richtig, und, es ist kaum zu glauben, einem knappen Drittel gehen die Maßnahmen nicht weit genug. Sie wollen stärker kujoniert werden. „Mehr Diktatur wagen", fordert der Schriftsteller Thomas Brussig in der „Süddeutschen Zeitung" (9. Februar 2021) zum Schutz derBevölkerung vor Sars-CoV-2, und er meint das tatsächlich ernst. Er räumt damit - allerdings vermutlich unfreiwillig, oder? - ein, dass wir es schon mit einer Diktatur zu tun haben, die verschärft werden sollte.

Dies zeugt von gelebter, allerdings übler Tradition.

Heinrich Mann charakterisiert mit der Romanfigur Diederich Heßling in seinem Buch „Der Untertan" den obrigkeitsgläubigen Mitläufer im deutschen Kaiserreich, der sich gern der politischen Gewalt unterordnet. Diederichs Begegnung mit dem Kaiser am Brandenburger Tor in Berlin schildert Heinrich Mann so: „Auf dem Pferd dort, unter dem Tor der siegreichen Einmärsche, und mit den Zügen steinern und blitzend, ritt die Macht! Die Macht, die über uns hingeht und deren Hufe wir küssen! Die über Hunger, Trotz und Hohn hingeht! Gegen die wir nichts können, weil wir sie alle lieben! Die wir im Blut haben, weil wir die Unterwerfung darin haben!"[90] Am Ende des Romans sagt Heßling in einer Rede: „Die Seele deutschen Wesens ist die Verehrung der Macht, der überlieferten und von Gott gewollten Macht, gegen die man nichts machen kann."[91]

Wir küssen auch heute gerne die Hufe der Macht.

Die Wissenschaftler und die Verantwortlichen der staatlichen Verwaltung in Paris sind hinsichtlich der Ursachen der Cholera und ihrer Verbreitung sowie der Strategie zur Bekämpfung der Krankheit unsicher.

Obwohl die Cholera schon seit längerem in zahlreichen Ländern der Welt auftritt, besteht auch noch um 1830 unter Wissenschaftlern Uneinigkeit, ob die Cholera durch eine Übertragung von Krankheitserregern verbreitet wird, also ansteckend ist, oder aber sogenannte Miasmen die Krankheit verursachen. Als Miasmen bezeichnen Wissenschaftler giftige, unreine Ausdünstungen des Bodens.

Das „Journal der practischen Heilkunde" veröffentlicht im Jahr 1831 Auszüge aus einem amtlichen Bericht des Königl. Preuß. Regierungs- und Medicinal-Raths Dr. Albers: „Über das Wesen der Cholera sind die Ansichten der Ärzte noch sehr verschieden, und nur wenige von ihnen sprechen sich darüber bestimmt aus." Und einige Absätze später bekräftigt der Medicinal-Rath: „Ueber die Natur der Krankheit und über die uns so überaus wichtige Frage: ob und in wie fern die Cholera ansteckend und verschleppbar ist? herrscht gegenwärtig noch die größte Meinungsverschiedenheit."[92] Der wissenschaftliche Streit zwischen den „Kontagionisten", denjenigen, die eine Ansteckung durch die Übertragung von „Krankheitssamen" und Berührungen von Mensch zu Mensch vermuten, und den „Anti-Kontagionisten", die jede Ansteckung in Frage stellen, erstreckt sich bis in die 1880er Jahre, bis Robert Koch den Erreger der Cholera, das „Kommabakterium" entdeckt und damit die Unsicherheit beendet. Die „Kontagionisten" sehen sich bestätigt.

Auch in Paris gilt es, unter Unsicherheit zu entscheiden, welcher Ursachentheorie zu folgen ist und welches die besten Möglichkeiten sind, der Krankheit zu begegnen. Subjektive Momente und Ängste lassen sich bei Entscheidungen für den richtigen Weg nicht ausschalten, aber auch Überlegungen, die die politische und soziale Ordnung Frankreichs im Blick haben, spielen eine maßgebliche Rolle. Jede Regierung wünscht Ruhe und Ordnung, die aber durch eine Epidemie in Frage gestellt werden könnten.

Charakterisierend für die gesellschaftliche Lage in Frankreich ist die Tatsache, dass breit diskutiert wird.

DIE FOLGEN DER EPIDEMIEN

APATHIE UND NEUE UNRUHEN

Unter dem Datum des 27. Mai 1832, übrigens an dem Tag, an dem in Deutschland die bürgerliche Opposition auf dem Hambacher Schloss den ersten Versuch wagt, die Restauration zu überwinden, am 27. Mai 1832 also veröffentlicht die „Allgemeine Zeitung" in vier Teilen eine weitere Reportage Heines.[93] Auch diese Berichte sind nicht namentlich gezeichnet, sondern wiederum in der letzten Folge versteckt mit Heines Initialen versehen.

Die Cholera, so schreibt Heine, habe „viele Sterne erster Größe", bedeutende Staatsmänner und Wissenschaftler, dahingerafft. Sein Bericht über das Begräbnis Casimir Périers, der zum Zeitpunkt seines Todes am 16. Mai 1832 als Ministerpräsident und Innenminister Frankreichs amtiert, ist für Heine Anlass, sich engagiert und ausführlich über den Wertpapierhandel, dem „nichtswürdigsten Geschäfte, dem Staatspapierenschacher", auszulassen, bevor er über das eigentliche Ereignis berichtet.[94] (Beiläufig: Es ist immer wieder eine Freude, Heines Abschweifungen zu folgen und an seinen Assoziationen teilzunehmen).

„Bei Perier's Begräbniß", schreibt Heine, „zeigte sich wie bei seinem Tode die kühlste Indifferenz. Es war ein Schauspiel wie jedes andere; das Wetter war schön, und Hunderttausende von Menschen waren auf den Beinen, um den Leichenzug zu sehen, der sich lang und gleichgültig, über die Boulevards, nach Père Lachaise dahinzog. Auf vielen Gesichtern ein Lächeln, auf andern die laueste Werkeltagstimmung, auf den meisten nur Ennui.[95] (...) Das Volk betrachtete Alles mit einer seltsamen Apathie."

„Zwischen zwei bis drei Uhr ging der Leichenzug Periers über die Boulevards; als ich um halb acht von Tische kam, begegnete ich den Soldaten und Wagen, die vom Kirchhofe zurückkehrten. Die Wagen rollten jetzt rasch und heiter; die Trauerflöre waren von der dreifarbigen Fahne abgenommen; diese und die Harnische der Kuirassiere glänzten im lustigsten Sonnenschein; die rothen Trompeter, auf weißen Rossen dahintrabend, bliesen lustig die Marseillaise; das Volk, bunt geputzt und lachend, tänzelte nach den Theatern; der Himmel, der so lange umwölkt gewesen, war jetzt so lieblich blau, so sonnenduftig; die Bäume glänzten so grünvergnügt; die Cholera und Casimir Perier waren vergessen, und es war Frühling."

Friedrich Wilhelm Held dokumentiert die Lage in Paris in seinem Werk „Populär-pragmatisch-kritische Geschichte des Revolutions-Zeitalters" nicht wie Heine, der den Verdruss und die Apathie des Volkes herausstellt, sondern durchaus dramatisch. Unter der Überschrift „Casimir Périer's Tod", schreibt der Historiker Held: „Die Cholera, deren Wüthen den herrschenden Zustand der Unbehaglichkeit auf den Gipfel brachte, erschien dem Könige als ein fast noch gefährlicherer Feind seines Thrones, denn die Republikaner und Royalisten. Die Regierung bot daher Alles auf, um durch Gesundheitsmaßregeln die Gemüther des Volkes, welches bereits von Brunnenvergiftung fabelte, zu beschwichtigen, und die landesväterliche Fürsorge des Bürgerthrons in helles Licht zu setzen. Deshalb begab sich auch der Kronprinz Herzog v. Orleans, von Casimir Périer begleitet, ins Hôtel-Dieu, das allgemeine Krankenhaus von Paris, welches von Cholera-Kranken angefüllt war. Die beiden Männer konnten hier zwar nicht das Geringste nützen; aber sie konnten doch durch solch einen kühnen Besuch die Regierung Louis-Philippe's populär machen. Casimir Périer wurde das Opfer seiner Königstreue. Die Seuche steckte ihn an und raffte ihn nach langem Leiden dahin."[96]

Die Cholera klingt allmählich ab, findet jedoch immer noch Opfer. So sterben am 20. Juni 42 Personen, am 21.

Juni 38 Personen und am 23. Juni 30 Personen an der Krankheit („Allgemeine Zeitung").

Wir bewähren uns als Untertanen, die Pariser Bürger wagen die Insurrektion.

Wir, nicht alle, aber die meisten, erschreckend viele, nehmen es hin, wenn die Obrigkeit Maßnahmen zur Einschränkung unserer Freiheit beschießt. Und mit Lust nehmen wir es hin.

Die Obrigkeit sagt uns, und sie wird dabei von den staatstragenden Medien tatkräftig sekundiert, wie wir uns angesichts der gesundheitlichen Bedrohung durch das Corona-Virus zu verhalten haben, wie wir uns die Hände zu waschen haben, wann wir eine Schutzmaske tragen müssen, zu welcher Zeit wir das Haus verlassen dürfen und welchen Abstand wir zu anderen Menschen halten sollen. Und wir werden beruhigt: Ein kleiner „Pieks" schützt unsere Gesundheit.

Wir werden wie unmündige Kleinkinder behandelt, und wir lassen uns gerne so behandeln, egal, dass mit den Notstandsbestimmungen der Obrigkeit unsere Grundrechte suspendiert werden. Wir begeben uns in die Hand der Obrigkeit, zu recht, denn sie will ja nur unser Bestes. Dafür geben wir unsere Freiheit hin.

„Diejenigen, die die wesentliche Freiheit aufgäben, um ein wenig vorübergehende Sicherheit zu erlangen, verdienen weder Freiheit noch Sicherheit", sagt Benjamin Franklin im Jahr 1755.[97]

Die deutschen Bürger sind laut repräsentativer Umfragen insgesamt zufrieden, dass ihre Freiheiten beschnitten werden. Nach einem Jahr strikter Einschränkungen halten im März 2021 immer noch 47 Prozent der Befragten die „Maßnahmen zur Eindämmung der Corona-Pandemie" für angemessen, 20 Prozent gehen die Restriktionen nicht weit genug. Nur ein knappes Drittel (30 Prozent) zeigt sich den Maßnahmen gegenüber kritisch.[98]

Übrigens: Die Parteianhänger von CDU/CSU, Grünen, SPD und Linken sind sich nahezu einig; jeweils über 20 Prozent liegt der Anteil derjenigen, die striktere Beschränkungen wünschen. Die Parteianhänger der FDP und der AfD halten dagegen nur zu 12 Prozent (FDP) und 13 Prozent (AfD) engere Maßnahmen für notwendig.

Die Obrigkeit kann zufrieden sein. Sie handelt, so wie es diese Zahlen suggerieren, im Sinne der meisten Untertanen.[99]

Die Pariser Obrigkeit muss sich auf schwierigere Herausforderungen einstellen.

Einige Tage nach Périer, am 1. Juni 1832, stirbt Maximilien Lamarque, ehemals hochangesehener General Napoleons und politischer Gegner Périers an der Cholera. Bei seinem Begräbnis erlebt Paris gewaltige Unruhen. Zwar konnte man voraussehen, wie Heine schreibt, dass beim Begräbnis Lamarques einige Unruhen stattfinden würden, aber „glaubte doch niemand an den Ausbruch einer eigentlichen Insurrektion."[100]

„Es war vielleicht der Gedanke, daß man jetzt so hübsch beisammen sey, was einige Republikaner veranlaßte, eine Insurrektion zu improvisiren. Der Augenblick war keineswegs ungünstig gewählt, eine allgemeine Begeisterung hervorzubringen und selbst die Zagenden zu entflammen. (…) Schon auf den ruhigen Zuschauer mußte dieser Leichenzug einen großen Eindruck machen, sowohl durch die Zahl der Leidtragenden, die über hunderttausend betrug, als auch durch den dunkelmuthigen Geist, der sich in ihren Mienen und Gebährden aussprach."

„Unglückseliger Lamarque! wie viel Blut hat deine Leichenfeier gekostet! Und es waren nicht gezwungene oder gedungene Gladiatoren, die sich niedermetzelten, um ein eitel Trauergepränge durch Kampfspiel zu erhöhen. Es war die blühend begeisterte Jugend, die ihr Blut hingab für die heiligsten Gefühle, den großmüthigsten Traum ihrer Seele."

Am 5. und 6. Juni kommt es zu Straßenschlachten, bei denen 40.000 Mann Linientruppen und 20.000 National-gardisten gegen einige Hundert Republikaner kämpfen, die Heine „die reinsten, jedoch keineswegs die klügsten Freunde der Freiheit" nennt.

Diese Unruhen kommen nicht unerwartet.

Die Académie Royale de Médecine hat bereits in ihrem „Rapport sur le Choléra-Morbus" im Jahre 1831 auf eine mögliche sozialrevolutionäre Entwicklung hingewiesen, die durch die Cholera forciert werden könnte.[101] Allerdings gelte dies eher für andere Länder, wie beispielsweise Deutschland, denn die Medizinwissenschaften und die öffentliche und private Hygiene hätten in Frankreich große Fortschritte gemacht. Und der Zustand der Gesellschaft, der Klassen, habe sich verbessert (l'amélioration des classes indigentes), so dass es den Medizinern und der Administration möglich sei, auf alle Notwendigkeiten zu antworten.[102]

In der Eingangsbemerkung ihres Rapports unterstreicht die Académie Royale, welche Herausforderungen, aber auch Chancen die Cholera biete: Große Epidemien und Revolutionen verursachen gewaltige Schocks und plötzliche Veränderungen.[103] Diesen Bemerkungen folgt die Erkenntnis, die Zeitgenossen könnten über die schrecklichen Zeiten durchaus Materialien sammeln und Memoiren schreiben, aber die Geschichte könne erst weit entfernt von den Ereignissen beurteilt werden.

Als Zeitzeuge hat Alexander Braun die Unruhen am 5. und 6. Juni 1832 beschrieben. Unter dem Datum des 5. Juni teilt er mit: „Die Revolution ist diesen Abend wieder ernsthaft ausgebrochen und wird zu nichts Gutem führen. Das Leichenbegängniß des Generals Lamark gab die Veranlassung; man sprach schon seit einigen Tagen davon, daß bei dieser Gelegenheit ein Aufstand entstehen werde, aber die Regierung hatte keine vorbeugenden Maaßregeln getroffen, die allerdings die Sache nur verschlimmert hätten. Vive la République! Vive la Liberté! A bas le juste milieu, à bas Louis Philippe!' ist das allgemeine Geschrei."[104]

Laut der „Populär-pragmatisch-kritische(n) Geschichte des Revolutions-Zeitalters" stellt sich die Situation in Paris im Juni wesentlich trivialer dar: „Der Juni-Aufstand der Republikaner wurde durch einen Streit über die Ruhestätte des republikanisch gesinnten Generals Lamarque veranlaßt. Derselbe war an der seit März 1832 grassierenden Cholera gestorben, und die republikanischen Clubs hatten beschlossen, seine Leiche ins Pantheon zu bringen, welchem Vorhaben sich aber die Regierung Louis Philipp's widersetzte, weil diese die Ehre des Pantheon nur Leuten ihres Gelichters bewilligen wollte." Nach kurzem Kampf wird in Paris der Belagerungszustand erklärt; „es erfolgten Verhaftungen und kriegsgerichtliche Urtheile, mittels deren die Anstifter beseitigt wurden; und damit hatte der Juniaufstand ein Ende."[105]

Die Interpretation im Geschichtslexikon und die Darstellung Heinrich Heines treffen die wirkliche Lage in Paris mitnichten. Denn Frankreich steckt schon seit Jahren in einer gravierenden politischen und sozialen Misere, die sich in der Revolution von 1830 und in den Aufständen 1832 manifestieren. Die Cholera-Epidemie, so gravierend sie auch für die Menschen im Frühjahr 1832 ist, wirkt lediglich als Katalysator, der die Mängel des gesellschaftlichen Miteinanders deutlich werden lässt.

Frankreich (1832) und Deutschland (2020 ff.): Beide Länder befinden sich in einer politischen und sozialen Schieflage.

In einem zeitgenössischen Roman in Dialogform („Paris Malade: Esquisses du Jour" - „Krankes Paris: Skizzen des Tages", H.S.) hat der Autor Eugène Roch 1832 im Vorwort erklärt, Paris befinde sich zwischen der Cholera und dem Belagerungszustand. Früher hätten die Poeten die Pest herangezogen, um den Zustand ihres Landes zu beschreiben, heute zöge er gleichsam die Cholera zur dichterischen Gestaltung heran.

Auf wenige Monate beschränkt sich die Darstellung Roches, auf die Zeit zwischen dem 22. März, dem Todestag Goethes, und dem 22. Juli, dem Todestag Napoléon II. Erstaunlich sei, wie viele und wichtige Ereignisse innerhalb dieser wenigen Monate stattgefunden hätten.[106] Die Leser des Romans könnten feststellen, dass die handelnden Personen in Roches Roman trotz ihrer unterschiedlichen Funktionen und sozialen Stellungen darin übereinstimmen, dass Frankreich sich in einer politischen und sozialen Schieflage befände.

Auch Deutschland befindet sich in einer politischen und sozialen Schieflage. Und das Land ist zudem auf dem Weg in das gesellschaftliche, rechtliche und wirtschaftliche Verderben.[107]

Im politischen Bereich befindet sich das Land in der seit langem beklagenswerten Lage, dass kaum Auseinandersetzungen in den politischen Parteien und zwischen den Parteien öffentlich ausgetragen werden, denn die Parteien gebärden sich, als wären sie, ja, es ist ein Reizwort, als wä-

ren sie gleichgeschaltet. Debatten über die beste Strategie zur Bekämpfung der Pandemie finden fast gar nicht statt, obwohl dieses über viele Monate bestimmende Thema geradezu herausfordert, eigenständige Strategieansätze vorzubringen und in der Öffentlichkeit zu diskutieren. Alle größeren Parteien, mit der Ausnahme der Alternative für Deutschland, stimmen grundsätzlich darin überein, die Regierungsmaßnahmen damit bestätigend, immer wieder auf Restriktionen zu setzen, auch wenn deren Wirkung allenfalls marginal ist.

Eine rechtliche Schieflage bedingt das unsägliche Infektionsschutzgesetz. Dieses Gesetz schränkt das Grundrecht auf Freizügigkeit (Art. 11 Grundgesetz), das Eigentumsrecht (Art. 14 GG) oder die Versammlungsfreiheit (Art. 8 GG) ein. Das Infektionsschutzgesetz, das der Bundestag nicht nur im Eilverfahren beschließt, sondern auch noch unter Herabsetzung der Mindestzahl der erforderlichen Mitglieder des Bundestages bei einer Abstimmung (§ 126 a GO-BT), dieses Gesetz bedeutet einen gravierenden Stresstest für den Rechtsstaat. Dass zudem einzelne Verordnungen zur Bekämpfung der Corona-Epidemie sogar noch außerhalb dieses Gesetzes erlassen werden (z.B. Impfreihenfolge), sie also ohne Einschaltung des Parlaments ergehen, schwächt den Rechtsstaat erheblich.

Das Infektionsschutzgesetz schwächt zudem den föderalen Staat, weil die Bundesregierung Kompetenzen der

Bundesländer an sich zieht. Die Weimarer Republik ist (unter anderem) daran zugrunde gegangen, dass der Rechtsstaat ausgehebelt worden ist und Notverordnungen das Parlament ausschalteten. Das Infektionsschutzgesetz ist eine Notverordnung unter anderem Namen.

Die wirtschaftliche Schieflage des Landes ist endemisch. Sie besteht schon länger, sie wird infolge der verhängten Restriktionen im Zusammenhang mit der SARS-CoV-2-Bekämpfung lediglich deutlicher. Die vielen dauerhaft geschlossenen Geschäfte offenbaren die Situation als Indiz. Die Digitalisierung des Landes geht nur schleppend voran, dieses Land hat die höchsten Strompreise in Europa, die Staatsschulden steigen.

Die gesellschaftliche Schieflage zeigt sich darin, dass immer mehr Gruppen hemmungslos ihre Partikularinteressen verfolgen und andere dabei gerne schurigeln. Quoten jeglicher Art, ob nach der Farbe der Haut, des Geschlechts oder der Herkunft sollen anstelle der Qualifikation lukrative Posten sichern, Andersdenkende werden öffentlich verunglimpft. Das gesellschaftliche Klima ist vergiftet.

Die Einsicht, dass allenthalben Schieflagen festzustellen sind, ist nicht allen gegeben: „Ich glaube, dass im Großen und Ganzen nichts schief gelaufen ist." (Bundeskanzlerin Merkel zur besten Sendezeit um 20:15 Uhr in der TV-Sendung „Farbe bekennen" am 2. Februar 2021). Mit ih-

rem Befinden dürfte die Bundeskanzlerin nicht alleine ste-
hen. Die Medien sorgen dafür, dass das Volk alle Maßnah-
men der Regierung abnickt. Der Staat ist angekränkelt, und
die Bundeskanzlerin beschönigt die Situation.

Kurz vor seinem Tod infolge seiner Erkrankung an
der Cholera unterschreibt der General und Abgeordnete
Lamarque eine Denkschrift, verfasst von 39 Abgeordneten
der Opposition unter Führung des ehemaligen Finanzminis-
ters Jacques Laffitte, in der das Versagen der Regierung
Casimir Périers dargelegt wird. Insbesondere habe die Regierung in der Finanz- und Steuerpolitik versagt, die zu einer zu hohen Belastung der arbeitenden Klasse geführt
habe.

Der Trauerzug für den verstorbenen Republikaner
Lamarque entwickelt sich zu einer Demonstration gegen
Louis-Philippe, der die gewaltsame Niederschlagung des
Aufstands anordnet. Am Ende der kurzen Revolte des 5.
und 6. Juni 1832 verlieren 800 Menschen in den Kämpfen
zwischen den Revolutionären und der Armee und Nationalgarde ihr Leben.

Pariser Bürger kämpfen auf Barrikaden für die Republik. Deutsche Bürger unterwerfen sich in Duldsamkeit.

Eindrucksvoll hat Victor Hugo in seinem Roman „Die Elenden" den Kampf auf den Barrikaden geschildert. Unter der Zwischenüberschrift „Die Helden" schreibt Hugo sprachmächtig:

„Plötzlich schlug der Tambour zum Angriff. Der Angriff war ein Sturm. Am Tage zuvor, in der Dunkelheit, hatte man sich der Barrikade schweigend genähert, wie eine Boa, jetzt am hellen Tage war der Überfall in dieser öden Straße durchaus unmöglich; die Gewalt hatte sich überdies demaskirt; die Kanonen hatten das Gebrüll begonnen und die Armee stürzte sich auf die Barrikade. Die Wuth war jetzt Gewandtheit. Eine gewaltige Colonne Linien-Infanterie, in bestimmten Zwischenräumen durchschnitten von Abtheilungen der Nationalgarde und der Munizipalgarde zu Fuß, rückte im Sturmschritt unter dem Wirbel der Trommeln und dem Schmettern der Hörner, mit gesenkten Bajonetten, die Sappeurs an der Spitze, ungehindert durch die Geschosse gerade auf die Barrikade zu, mit der Gewalt eines ehernen Balkens, der gegen eine Mauer gerannt wird."[108] (...)

„Die Mauer stand. Die Insurgenten feuerten ungestüm. Die erstiegene Barrikade hatte einen Saum von Blitzen. Der Sturm war so wüthend, daß die Barrikade einen Augenblick von den Angreifenden überschwemmt wurde; aber sie schüttelte die Soldaten ab, wie der Löwe die Hunde."

Victor Hugo schildert den barbarischen Kampf in allen Einzelheiten, das Musketenfeuer, die Erschöpfung, die Verwundungen, das Sterben. Trotz des gnadenlosen Kampfes tauschen sich die handelnden Personen im Roman manchmal in kurzen Dialogen über ihre Situation aus. Zwei von ihnen, Feuilly und Combeferre, benennen die Ursache ihrer sich abzeichnenden Niederlage:

„‚Begreift man wohl‘, rief Feuilly bitter, ‚diese Männer (und er nannte die Namen bekannter, selbst berühmter Männer, Einige der alten Armee angehörend), welche versprochen hatten, sich uns anzuschließen, die den Eid leisteten, uns zu unterstützen, die sich mit ihrer Ehre dazu verpflichteten, die unsere Generale sind und uns verlassen?‘ Combeferre begnügte sich, darauf mit ernstem Lächeln zu antworten: ‚Es giebt Leute, welche die Regeln der Ehre beobachten, wie man die Sterne beobachtet - aus großer Ferne.‘"

Zu ähnlicher Analyse des vergebliches Versuchs einer Revolution im von der Cholera gebeutelten Paris kommt

Ludwig Wittig in seinem Buch „Ein Jahrhundert der Revolutionen", allerdings, wie auch Victor Hugo, mehrere Jahre nach den Ereignissen. Dort heißt es: „Hier, in den Vierteln von St. Martin, des Tempels und St. Antoine, entbrennt der Kampf für die Republik, hier hat ihr Louis Philippe Rede zu stehen für die unerfüllten Versprechungen von 1830. (…) Das Volk will Namen von gutem Klang hören, ehe es sich für eine Sache erhebt, aber es fanden sich keine Männer, muthig genug, ihre Namen herzugeben, mit Ausnahme des verbrauchten Lafayette, der sich am Hofe zu rächen wünschte für vielfache Kränkungen."[109]

Zeitgenossen, zumindest diejenigen, die dem herrschenden Regime nahestehen, kommen jedoch zu einem anderen Urteil über die Aufstände. In der „Bayerischen Staats-Zeitung" heißt es unter dem Datum des 6. Juni 1832: „Wir hatten eine schreckliche Nacht. Die zwei unversöhnlichen Fraktionen, welche seit 18 Monaten unablässig gegen die Ordnung und gegen Frankreich conspirirten, brachten endlich ihre abscheulichen Absichten zur Ausführung. Das Leichenbegängniß des Generals Lamarque bot die Gelegenheit dar. (…) Was in Paris von Banditen, Räubern, Leuten ohne Treue und Glauben, und all jener Population zu finden war, die nur durch Unordnung sich zu nähren sucht, wurde durch Gold und durch Hoffnung auf Beute geworben. Man muß solche Gestalten gesehen haben, um einen

Begriff zu haben von dem Grade des Abscheus, den die Menschheit darbieten kann."

POLITISCHE FOLGEN

Ludwig Börne berichtet in seinen 115 „Briefen aus Paris" über die dortige Lage in der Zeit vom September 1830 bis zum März 1833. Börnes Briefe, geschrieben an seine Freundin Jeanette Wohl, veröffentlicht der Hamburger Verleger Campe. Später publizieren auch andere Verleger die Briefe.[110]

Die Cholera morbus und die Corona morbus züchtigen die Unterdrückten.

Unter dem Datum des 8. Oktober 1831 schreibt Börne, nachdem er hervorgehoben hat, nichts würde ihn in Verwirrung bringen, denn er wisse, dass „Dummheit und Menschendünkel Elemente sind wie andere", nach dieser Erklärung räumt er ein: „Ein Aufsatz über die Cholera, den die allgemeine Zeitung in den letzten Tagen enthielt, hat mich von meiner Unwissenheit in den Naturwissenschaften recht betrübt überzeugt."[111] Auch wenn Börne vorgibt, die naturwissenschaftlichen Untersuchungen zur Cholera nicht zu verstehen, so meint er dennoch, die gesellschaftliche

Auswirkung der Epidemie zu erkennen, wie er am 31. Oktober des selben Jahres anmerkt. Die „Cholera morbus" züchtige die Unterdrückten, nicht aber die Unterdrücker.

Auch die „Corona-morbus" züchtigt die Unterdrückten, nicht aber die Unterdrücker.

Die Unterdrückten lassen es gerne mit sich geschehen, denn die Unterdrücker sorgen dafür, dass sie den Unterdrückten die Mühe des eigenen Denkens abnehmen. Der kognitive Zustand der Bevölkerung ist beklagenswert, nicht nur im Hinblick auf die unterwürfige Duldsamkeit der Beschränkung der Freiheit, sondern - diese Abschweifung ins Allgemeine sei erlaubt - auch im Hinblick auf ungezählte widerspruchslos hingenommene tägliche Indoktrinationen, Restriktionen und Dummheiten. Die Obrigkeit und die staatsnahen Medien arbeiten dazu Hand in Hand.

Die Unterdrückten, die alles mit sich geschehen lassen, egal, wie unsinnig die Maßnahmen zur Begrenzung von Virus-Infektionen auch sind, sie applaudieren den Unterdrückern sogar, sie applaudieren aus Bequemlichkeit und weil sie dumm sind. Dummheit ist eine gefährliche Krankheit, sie steckt an, und sie kann schnell zu einer Epidemie anwachsen.

Am Rande, polemisch: Heinrich Heine beschreibt in seinen „Reisebildern" die Verhältnisse „in Berlin, wo man am klügsten ist und die meisten Dummheiten begeht."[112] Das Ministerium, welches, lässt Heine offen, das Ministerium versucht „ernsthafte Maßregeln zu ergreifen", die Unannehmlichkeiten, die aus der Dummheit erwachsen, dadurch zu verbergen, dass über die Dummheiten geschwiegen wird. Allerdings zeigt sich ein Problem: „Diese Vorkehrungen halfen nichts, die unterdrückten Dummheiten traten bei außerordentlichen Anlässen desto gewaltiger hervor (...), sie stiegen öffentlich von unten hinauf."

Es ist an der Zeit, über die unterdrückten Dummheiten gewaltig zu sprechen.

Widersprüchlich zu seiner Vermutung, die Unterdrückten würden durch die Epidemie gezüchtigt, steht Börnes Hoffnung, die er in seinem Brief am 3. November 1830, also lange vor dem Ausbruch der Cholera in Paris, geäußert hat. Er schreibt, die Pest, als die er die in Petersburg ausgebrochene Cholera-morbus bezeichnet, „die Pest wird vermögen, was nichts bisher vermochte: sie wird das trägste und furchtsamste Volk der Erde antreiben und ermuthigen. Pest und Freiheit! Nie hat eine häßlichere Mutter eine schönere Tochter gehabt." Börne meint mit dieser Bemerkung auch Deutschland, denn drei Sätze zuvor schreibt er, die „Krankheit werde sich wahrscheinlich auch über Deutschland und weiter verbreiten."[113]

Am 1. Dezember 1831 verfasst Börne einen langen Brief, in dem er, ausgehend von den Unruhen in Lyon in Folge der Choleraepidemie in der Stadt, den „Krieg der Armen gegen die Reichen, derjenigen, die nichts zu verlieren hätten, gegen diejenigen, die etwas besitzen" thematisiert. Der Brief gerät zu einer generellen Abrechnung mit Casimir Perrier, der von Börne als „completer Narr" charakterisiert wird.

„Es ist wahr, der Krieg der Armen gegen die Reichen hat begonnen, und wehe jenen Staatsmännern, die zu dumm oder zu schlecht sind zu begreifen, daß man nicht gegen die Armen, sondern gegen die Armuth zu Felde ziehen müsse. (…) Die Regierung, welche über die menschliche Schwäche erhaben seyn sollte, benutzt (die Bürger) nur, ihre Herrschsucht zu befriedigen, und statt die bürgerliche Ordnung auf Weisheit, Gerechtigkeit und Tugend zu gründen, bauen sie über hinfälliges Holzwerk, daß sie in den Schlamm der Leidenschaften einrammeln", echauffiert Börne sich krass, aber poetisch.

Rückblickend auf Unruhen während des Jahrestages der Erstürmung der Bastille (14. Juli), verweist Börne auf Berichte in den Zeitungen, der Polizeipräfekt und der Minister des Inneren hätten „Arbeitsleute angeworben und bezahlt, um die ihnen verhaßten Republikaner zu mishandeln." In einem Gerichtsprozess, den Casimir Périer und der Polizeipräfekt gegen die Zeitungen unter der Beschuldigung der Verleumdung geführt hätten, habe sich herausgestellt, „daß die Polizei wirklich das Gesindel der Vorstädte (nicht die Arbeiter, sondern die Müssiggänger) angeworben und täglich mit drei Franken besoldet habe, um über die friedlichsten Menschen herzufallen."[114]

Zur Bekämpfung der Cholera habe man das Volk gezwungen, sich in die Spitäler bringen zu lassen, ihre Wohnung und Familie zu meiden, um „der Ängstlichkeit der Reichen zu frönen." Die Reichen beruhige, dass das Volk nicht denke, aber „wenn das Volk einmal zu denken anfängt, ist für Euch die Zeit des Bedenkens vorüber und Ihr ruft sie nie zurück." Mit dem Ausruf: „Genug mich geärgert" versucht Börne, sich wieder zu beruhigen.

Allerdings hat Börne einen Tag später (2. Dezember 1831) im nächsten Brief noch eine Anmerkung zur Cholera in Lyon. Der Präfekt habe eine Proklamation erlassen, die die Bürger beruhigen solle: „Lyonnaiser, ziehen Sie einen Schlussstrich unter Ihre Trauer und ziehen Sie Ihre Festkleider an, der Kronprinz, der Herzog von Orleans, kommt in den Mauern Ihrer Stadt an. Das ist der Regenbogen, der das Ende des Sturmes ankündigt."[115]

Unruhen, gar „Emeuten", sind in Deutschland nicht zu erwarten.

Demonstrationen gegen die Maßnahmen zur Eindämmung der Corona-Infektionen , insbesondere gegen die Beschränkungen der Grundrechte der Bürger, dürfen, wenn sie nicht von vornherein verboten werden, nur mit einer begrenzten Zahl von Teilnehmern unter engen Auflagen stattfinden. Die Leitmedien berichten über die Demonstrationen anfangs mit Abscheu, dann allenfalls mit Kurzmeldungen, bald überhaupt nicht mehr.

Börne fürchtet die Cholera als Krankheit und überlegt, wohin er vor der Seuche fliehen könne, um sich in Sicherheit zu bringen. Monatelang reist er umher, um der Cholera zu entgehen. Er beruhigt sich (vorübergehend) damit, die Cholera treffe vor allem Trinker und Dirnen und trete dort auf, wo großer Schmutz herrsche.

In politischer Hinsicht allerdings hofft Börne, so schreibt er am 14. Dezember 1830, die Cholera würde Revolutionen fördern: „Die Cholera Morbus ist eine prächtige Erfindung. Das ist etwas, was auch die Deutschen in Bewegung setzen könnte." Am 29. März 1832 reist Börne aus Paris ab, betont in seinem Brief des selben Tages an Jeanette Wohl jedoch, seine Abreise hänge nicht mit der Cholera zusammen, sondern sei ohnehin schon früher bestimmt worden. Heine bestätigt diese Darstellung in einem Brief an Karl August Varnhagen von Ense Mitte Mai 1832.

Am Rande: Jeanette Wohl ist weniger ängstlich als Börne. Am 9. April 1832 schreibt sie an Börne: „Wir wollen uns vornehmen, wenn wir zusammen sind, recht froh und vergnügt zu sein und nicht, wie vorigen Sommer, von der dummen Cholera plagen lassen. Kömmt sie … muß man sterben, so ist′s ja doch nicht abzuhalten."[116] Und dann berichtet Jeanette Wohl, dass der Schneider gerade da gewesen sei, um ihr ein hübsches Kleid für die Reise zu bringen, und dann erwarte sie auch noch die Putzmacherin trotz aller Cholera-Sorgen.

Die Schilderungen und Beurteilungen Börnes über die Situation in Frankreich sind vor dem Hintergrund, dass er sich in Paris weitgehend selbst isoliert, im Gegensatz zu Heines Darstellungen der Cholera, der manches selber erlebt, eher als Sekundärwahrnehmung aus Gazetten und Zeitungen einzuordnen. Börne verweist in seinen Briefen immer wieder auf Zeitungsartikel, die ihm aufgefallen sind und die er kommentiert.

Heine berichtet, wie dargestellt, über die Cholera keineswegs tagesaktuell, sondern verharrt abwartend, wie sich die Lage entwickelt, um dann im Nachhinein seine Wahrnehmungen zu übermitteln. Ein Grund für die zögerliche

Berichterstattung dürfte darin liegen, dass Heine infolge der Cholera-Epidemie eine Fortführung der Revolution erwartet und darüber die Leserschaft zeitnah informieren will.

„Es herrscht jetzt ein Justemilieu-Terreur."

Am 2. April 1832 schreibt Heine an Johann Friedrich v. Cotta („Hochgeschätzter Herr Baron!"): „Seit einigen Tagen herrscht in Paris die grenzenloseste Bestürzung, der Cholera wegen; fast alle meine Bekannte aus Deutschland und England sind abgereist. Ich würde auch fortgehen, wenn nicht bey der durch die Cholera eingetretenen Volksstimmung die wichtigsten Dinge vorfallen könnten. Macht die Cholera Ravagen[117], so kann es hier toll hergehen. Der Mißmuth der armen Classe ist grenzenlos. Es hängt alles davon ab, ob die Nazionalgarde rüstig bleibt und sich nie weigert zu marschiren."

Heine sieht die Cholera als Indikator für eine Krisensituation, die in eine Revolution übergehen könnte, denn, wie er an Cotta am 21. April 1832 schreibt: „Das Jüste-milieu hat die Cholera". Wie die Revolution sich abspielen könnte, schildert Heine anläßlich des Aufstands der Chiffonniers, der Lumpensammler, und der Lynchjustiz an den angeblichen Brunnenvergiftern. „Wie wilde Thiere, wie Rasende" stürzt sich das Volk auf Verdächtige. Und weiter: „Es gibt keinen gräßlicheren Anblick, als solchen Volkszorn, wenn er nach Blut lechzt und seine wehrlosen Opfer hinwürgt. Dann wälzt sich durch die Straßen ein dunkles Menschenmeer, worin hie und da die Ouvriers in Hemdärmeln, wie weiße Sturzwellen, hervorschäumen, und das heult und braust, gnadenlos, heidnisch, dämonisch."[118]

Nach den Unruhen über die vermuteten Vergiftungen kommt Heine zu der Erkenntnis: „Was ich selbst an dem Tage, wo jene Todtschläge statt fanden, an besonderer Einsicht gewann, das war die Ueberzeugung daß die Macht der ältern Bourbone nie und nimmermehr in Frankreich gedeihen wird."

Heine vertritt gegenwärtig diesen Standpunkt, er ändert ihn häufiger, gegenwärtig habe das „Jüste-milieu" die Cholera, sei also ziemlich krank, und es sei fraglich, ob es überlebe, und die „ältern Bourbone", also Karl X. oder seine möglichen Nachfolger, seien ein für allemal Geschichte. Für Louis Philippe findet Heine kaum zweifelnde Bemerkungen.

Der neue König repräsentiert das Juste Milieu. In seinem geschichtlichen Rückblick „Ein Jahrhundert der Revolutionen" schildert Ludwig Wittig den König mit den Worten, Louis-Philippe von Orleans habe den „langgesuchten Thronsessel endlich gefunden und suchte nun auf dem selben sich bequem zurecht zu setzen."[119] Er repräsentiere „das System der ‚richtigen Mitte' (juste milieu), nicht liberal und nicht conservativ genug", ein System, „das ihn heute nach links, morgen nach rechts steuern ließ, bis er schließlich das Gleichgewicht verlor." Louis-Philippe sei korrupt und halte sich für unfehlbar. Anzumerken ist hier, dass der Autor ein Pamphlet geschrieben und an seiner Abneigung gegen den König keinen Zweifel lässt, aber mit seiner Darstellung möglicherweise die Stimmung im Volk treffend beschrieben hat.

Louis-Philippe, der sich einstmals als Republikaner ausgab, verbietet jetzt den freien Verkauf von Journalen und Zeitungen, und er schränkt die Gerichtsbarkeit ein, indem er anstelle von Geschworenengerichten „Zuchtpolizeigerichte" (Ludwig Wittig) einsetzen lässt, und er schlägt mehrere Aufstände gewaltsam nieder. Polizeiwillkür steht „in vollster Blüthe", die Gefängnisse füllen sich, und die Gewalttätigkeiten häufen sich. Im Laufe seiner Regierungszeit bis zur Revolution 1848 ist Louis-Philippe Ziel von sieben Attentaten, die als Indiz dafür gelten können, wie unbeliebt der König ist.

Am 8. Juni 1832, also kurz nach der Beendigung der „Emeute", schreibt Heine: „Ich habe Paris nie so sonderbar schwül gesehen wie gestern Abend. Trotz des schlechten Wetters waren die öffentlichen Orte mit Menschen gefüllt.

König Louis-Philippe I.
Horace Vernet, 1832
Public Domain, Wikimedia Commons

In dem Garten des Palais-royal drängten sich die Gruppen der Politiker, und sprachen leise, in der That sehr leise; denn man kann jetzt auf der Stelle vor ein Kriegsgericht gestellt werden und in vierundzwanzig Stunden erschossen werden. Ich fange an, mich nach dem Gerichtsschlendrian meines Deutschlands zurückzusehnen. Der gesetzlose Zustand, worin man sich jetzt hier befindet, ist widerwärtig; das ist ein fataleres Übel als die Cholera. Wie man früher, als letztere grassierte, durch die übertriebenen Angaben der Todtenzahl geängstigt wurde, so ängstigte man sich jetzt, wenn man von den ungeheuer vielen Arrestationen, wenn man von geheimen Füsilladen hört, wenn tausenderlei schwarze Gerüchte sich, wie gestern Abend der Fall war, im Dunkeln bewegen. Heute, bei Tageslicht, ist man beruhigter. Man gesteht, daß man sich gestern geängstigt, und man ist vielmehr verdrießlich als furchtsam. Es herrscht jetzt ein Justemilieu-Terreur!"

Und weiter bezeugt Heine in sehr ruhigem Ton, verwunderlich angesichts der Emeute der letzten Tage, ihrer gewaltsamen Niederschlagung und die Verhängung des Kriegsrechts: „Die Journale sind gemäßigt in ihren Protestationen, jedoch keineswegs kleinlaut. Der National und der Temps sprechen furchtlos, wie freien Männern ziemt. Mehr als heute in den Blättern steht, weiß ich über die neuesten Ereignisse nicht mitzuteilen. Man ist ruhig und lässt die Dinge ruhig herankommen. Die Regierung ist vielleicht erschrocken über die ungeheure Macht, die sie in ihren eigenen Händen sieht. Sie hat sich über die Gesetze erhoben; eine bedenkliche Stellung. Denn es heißt mit Recht: Qui est au-dessus de la loi, est hors de la loi." (Wer sich über das Gesetz stellt, steht außerhalb des Gesetzes, H.S.).

„Man kann es dem Juste Milieu ansehen, wie es sich vor seiner eigenen Macht jetzt ängstigt und aus Angst sie krampfhaft in Händen hält."

Gesetze, auch das Grundgesetz, sind zu Zeiten des Corona-Virus nur noch Makulatur. Die Grundrechte werden massiv eingeschränkt. Die Menschen werden wie Untertanen behandelt.

Das beunruhigt, bis auf wenige Ausnahmen, kaum jemanden.[120]

Hastig verabschiedet der deutsche Bundestag mehrere Gesetze „zum Schutz der Bevölkerung bei einer epidemischen Lage von nationaler Tragweite" (27. März 2020, 19. Mai 2020, 18. November 2020, 22. April 2021). Monatelang ist nicht definiert, was eine epidemische Lage von nationaler Tragweite ist.

Dennoch werden die Grundrechte des Volkes nach Beschlüssen in der modernen Variante des Wohlfahrtsausschusses, der Zusammenkunft von Kanzlerin und Ministerpräsidenten der Bundesländer, in einer Diskussionsrunde ohne legislativen Hintergrund, massiv eingeschränkt. Schlichte Verordnungen reichen, um die Bestimmungen des Grundgesetzes außer Kraft zu setzen. So werden „Ausgangs- und Kontaktbeschränkungen im privaten sowie öffentlichen Raum" erlassen, das „Abhalten von Veranstaltungen, Ansammlungen, Aufzügen, Versammlungen sowie religiösen oder weltanschaulichen Zusammenkünften" und der Einzel- und Großhandel untersagt oder beschränkt. Auch Reisebeschränkungen werden erlassen. Insgesamt werden siebzehn Restriktionen „legalisiert", die durch weitere drei Maßnahmen, wie zum Beispiel Ausgangsbeschränkungen, erweitert werden können.

Heinrich Heine macht uns bewußt: „Wer sich über das Gesetz stellt, steht außerhalb des Gesetzes". Zu ergänzen ist Heines Feststellung mit der beunruhigenden Erkenntnis, dass es in Deutschland sogar möglich ist, sich über die Verfassung hinwegzusetzen und Grundrechte zu suspendieren. Die Tatsache, dass Verfassungsrechtler und Gerichte nur sehr zaghaft, wenn überhaupt, Kritik am Verfassungsbruch äußern, macht sprachlos.

So erklärt der ehemalige Verfassungsrichter Udo di Fabio, er könne „einen echten verfassungsrechtlichen

Missstand" nicht feststellen.[121] *Das Bundesverfassungsge-*
richt weist Verfassungsbeschwerden gegen Einschränkun-
gen der Freiheit im Eilverfahren zurück. Der Schutz der
Bevölkerung vor Viren hat eine höhere Bedeutung als die
Einschränkungen der Grundrechte. (Beispiel: BVerfG, Be-
schluss v. 18.6.2020, 1 BvQ 69/20).

Nein, halt, einer wagt den Einspruch: Der ehemalige
Verfassungsrichter und frühere Präsident des Bundesver-
fassungsgerichts, Hans-Jürgen Papier, benennt nach einem
Jahr (!) faktischer Suspendierung der Grundrechte im In-
terview mit der „Welt", welche bisher unvorstellbaren
Grundrechtseingriffe die Regierung nonchalant gewagt
hat: Die „Werteordnung unserer Verfassung war schon vor
der Pandemie einer jedenfalls partiellen, schleichenden
Erosion ausgesetzt, es waren Diskrepanzen zwischen Ver-
fassung und politischer wie gesellschaftlicher Wirklichkeit
zu verzeichnen."[122] *Und Papier ergänzt: „ Das gilt sowohl*
im Hinblick auf die Geltung der Grund- und Menschen-
rechte, als auch im Hinblick auf die Strukturen der parla-
mentarischen Demokratie." Es herrsche die irrige Vorstel-
lung, dass Freiheiten vom Staat gewährt werden, „wenn
und solange es mit den Zielen der Politik vereinbar ist.
Nein, es ist umgekehrt!"

Das Interview beendet Papier mit dem Diktum: „In
der Bewusstseinslage der politischen Akteure und Teilen
der Bevölkerung scheint gelegentlich in Vergessenheit zu

geraten, dass die Menschen dieses Landes freie Bürger sind. Sie verfügen über unveräußerliche und unentziehbare Freiheitsrechte, sie sind keine Untertanen! (...) Seit der Zeit der Aufklärung wurde die Verfassungsstaatlichkeit in Europa mühsam erkämpft. Wir sollten sie nicht zugunsten eines paternalistischen Fürsorgestaats aufgeben."

Welches sind die erwartbaren Folgen dieser Ermahnung? Keine.

Der Zweifel an einer angemessenen rechtlichen Würdigung der Maßnahmen zur Eingrenzung der Corona-Infektionen entsteht auch dadurch, dass die Verwaltungsgerichte, Oberverwaltungsgerichte und Landes-Verfassungsgerichte bis auf wenige Ausnahmen die Einschränkungen der Freiheiten der Bürger als verhältnismäßig einstufen.

Das Demonstrationsrecht hingegen ist nicht in allen Fällen eingeschränkt: Demonstrationen zum Klimaschutz zum Beispiel von „Fridays-for-Future" werden zugelassen (VG Hamburg, Beschluss vom 25. September 2020, 14 E 4035/20), eine Demonstration in Bremen gegen die Einschränkungen durch die Corona-Schutzmaßnahmen („Querdenken") aber bleibt verboten, indem das Bundesverfassungsgericht einen Antrag auf Erlass einer einstweiligen Anordnung zur Aufhebung der Verfügungen des Landes Bremen ablehnt. (Bundesverfassungsgericht, Beschluss vom 5. Dezember 2020 - 1 BvQ 145/20). Im Ergebnis legen die Gerichte unterschiedliche Maßstäbe für gleiche Sachverhalte an und unterscheiden somit zwischen „guten" und „schlechten" Demonstrationen. Das Rechtsvertrauen der Bürger, jedoch nur einiger weniger kritischer Bürger, wird auf eine harte Probe gestellt.

„Man muss die Zügel anziehen, um bei Corona nicht in ein Desaster reinzulaufen", sagt Angela Merkel (CDU), die Regierungschefin eines demokratisch verfassten Staates am 17. August 2020 und offenbart damit ihr Demokratieverständnis. Auch der bayerische Ministerpräsident Markus Söder (CSU) möchte die „Zügel anziehen" und ermahnt, als habe er es mit Volltrotteln zu tun, „Corona verzeiht keinen Leichtsinn" (Söder, Facebook 24. August 2020). Da will der Ministerpräsident von Baden-Württemberg, Winfried Kretschmann (Grüne) nicht zurückstehen und fordert ebenfalls: „Die Zügel anziehen!" (SWR Aktuell 29. September 2020).

Regierungschefs erlauben sich, selbstherrlich über ihre Untertanen zu verfügen. Sie können es, weil die Parlamente keine Rolle spielen. Sie, die Parlamente, haben sich schon lange selbst entleibt und nicken gefolgsam ab, was ihnen die Regierung vorgibt.

Im Paris des Jahres 1832 ist die Exekutive deutlich vorsichtiger in der Ausübung ihrer Macht als die Exekutive in der Bundesrepublik Deutschland in den Jahren 2020 ff.

Unter dem Datum des 10. Juni 1832 versetzt Heine sich in die Lage des Juste-Milieu. Er schreibt, sich auf ein unverbindliches „man" berufend, „man weiß, daß das Juste-Milieu sich selbst sehr unbehaglich fühlt in der jetzigen Fülle seiner Gewalt. (…) Man kann es dem Juste-Milieu ansehen, wie es sich vor seiner eigenen Macht jetzt ängstigt und aus Angst sie krampfhaft in Händen hält, und sie vielleicht nicht wieder losgibt, bis man ihm Pardon verspricht."

Es ist Heine selber, der aus diesen Anmerkungen spricht und der, zwar im Ungefähren die Zukunft ausmalend, seine Befürchtungen äußert. Das Juste-Milieu „wird vielleicht, in der Verzweiflung, einige unbedeutende Opfer fallen lassen; es wird sich vielleicht in den lächerlichsten Grimm hineinlügen, um seine Feinde zu erschrecken; es wird grauenhafte Dummheiten begehen; es wird - es ist unmöglich vorauszusehen, was nicht alles die Furcht vermag, wenn sie sich in den Herzen der Gewalthaber barrikadirt hat und sich rings von Tod und Spott cernirt sieht. Die Handlungen eines Furchtsamen, wie die eines Genie's, liegen außerhalb aller Berechnung."

Einen gewissen Optimismus lässt Heine mit seiner Erwartung auf einen vorübergehenden außergesetzlichen Zustand erkennen, denn das „höhere Publikum" fühle, „daß der außergesetzliche Zustand, worin man es versetzt, nur eine Formel ist, Wo die Gesetze im Bewußtsein des Volkes leben, kann die Regierung sie nicht durch eine plötzliche

Ordonnanz vernichten." Heines Hoffnung liegt in der Pressefreiheit, denn „obgleich Kriegsgerichte instituirt sind, herrscht hier noch immer mehr faktische Pressefreiheit , und die Journalisten schreiben hier über die Maaßregeln der Regierung noch immer viel freier, als in manchen Staaten des Kontinents."

Am Schluß dieses Briefes erlaubt sich Heine noch eine Charakterisierung der Presse, die zeitlos gelten kann: „Auf die Journale muß ich blos verweisen. Ihr Ton ist weit wichtiger als das, was sie sagen. Uebrigens sind sie gewiß wieder voll von Lügen."

ÖKONOMISCHE FOLGEN

Heinrich Heine erwähnt die Ökonomie Frankreichs in seinen Berichten über die „Französischen Zustände" des Jahres 1832 kaum, lediglich indirekt geht er auf dieses Thema ein, indem er das Elend der Arbeiter beklagt. (Die üppigen Zuwendungen seines Onkels Salomon aus Hamburg dürften dazu beitragen, dass Heine keine allzu ausgeprägte Anteilnahme an der ökonomischen Lage nimmt).

Ludwig Börne hingegen befürchtet gravierende ökonomische Folgen aus der Cholera-Epidemie für Paris. In seinem letzten Brief aus Paris (29. März 1832), kurz nach Beginn der Epidemie, schreibt er, viele Fremde würden Paris verlassen, was dazu führe, dass die Geschäfte einen „starken Stoß" erlitten.

Börnes Befürchtungen werden nicht Realität. Erstaunlicherweise gerät die französische Wirtschaft nicht in Schwierigkeiten; die Epidemie und die zahlreichen innenpolitischen Unruhen und außenpolitischen Unsicherheiten schaden Frankreich kaum. „Weder an Kapital, noch an fleißigen, industriösen, und höchst geschickten und intelligenten Arbeitern fehlt es ihm; und daher haben auch einzelne Zweige der Fabrication u. überhaupt, oder wenigstens an einzelnen Orten ungemein glückliche und große Fortschritte gemacht, und viel geleistet", dokumentiert das „Historisch-statistische Jahrbuch" aus dem Jahr 1836 für Frankreich.

Das Jahrbuch zeigt für das Jahr 1832, dass in Frankreich 229.534 Menschen an der Cholera erkrankt und 94.666 Menschen an der Seuche gestorben sind. Paris alleine „soll" 44.463 Menschen durch die Cholera verloren haben. Bemerkenswert ist diese Feststellung im Jahrbuch: „Nach ihrem Verschwinden (der Cholera, H.S.) zeigte sich übrigens die allgemeine Sterblichkeit nun weit unter dem gewöhnlichen Maaße!"[123]

In allen Wirtschaftszweigen, so in der „landwirthschaftlichen Cultur und Production", der „Fabrik-, Manufactur und Handwerksproduction" oder dem Handel und der Schifffahrt, in allen Wirtschaftszweigen geht es 1832 und im folgenden Jahr aufwärts.

Ein Gradmesser für die optimistische Grundhaltung mag die Buchproduktion sein, die im wesentlichen auf Paris konzentriert ist. Die Buchproduktion „macht gegenwärtig einen der bedeutendsten dortigen Handelszweige aus, sowie die Buchdruckerei jetzt für die bedeutendste Art von Fabrication daselbst gilt, und die Gehülfen in derselben die bedeutendste Arbeiterklasse ausmachen."

Die „Bücherschreiberei" und die „Bücherfabrication" seien beispiellos heißt es im „Historisch-statistischen Jahrbuch". 7011 Bücher erscheinen im Jahr 1832 neu, während im Mittel der Jahre 1814 bis 1826 jährlich lediglich rund 2.800 Bücher neu auf den Markt kommen. (Bemerkenswert ist die hohe Buchproduktion deshalb, weil etwa die Hälfte der Bevölkerung nicht lesen und schreiben kann).

Gemessen an der positiven Entwicklung des Buchmarktes in Frankreich im Jahr 1832, zeigt sich der deutsche Buchmarkt im Jahr 2020 in einer desaströsen Lage: Im März 2020 liegt der Umsatz gegenüber dem gleichen Monat des Vorjahres um 20 Prozent niedriger, im April um 33 Prozent. In den folgenden Monaten wird dieser Rückgang nicht kompensiert. Im nächsten Jahr 2021 sieht es nicht besser aus.[124]

Ob der Indikator „Buchmarkt" die Erwartungen der Menschen zur wirtschaftlichen Entwicklung richtig widerspiegelt, ist unsicher, jedoch könnte er ein Anhaltspunkt für die Einschätzungen der Lage sein. Die Ausgaben für Bücher sind oftmals „Luxus"-Ausgaben, und sinkende Umsätze im Buchmarkt deuten an, dass die Menschen in ihrem Konsumverhalten, zumindest den Luxus betreffend, vorsichtig sind.

Sie haben allen Grund dazu, denn die wirtschaftliche Zukunft des Landes ist düster, nicht nur in Folge der Restriktionen zur Eindämmung der Corona-Infektionen, sondern auch, weil seit vielen Jahren die Prioritäten der Regierung nicht darin liegen, die Wohlfahrt mit der Stärkung der sozialen Marktwirtschaft und der Demokratie zu fördern. Die Industrie, insbesondere die Automobilindustrie, wird mit immer neuen Vorgaben gegängelt, die Energiewirtschaft wird immer enger reguliert, konventionelle Kraftwerke und Atomkraftwerke werden abgeschaltet, auch wenn sie zu den modernsten der Welt gehören, Bauprojekte zur Verbesserung der Infrastruktur werden durch immer neue Umweltauflagen verzögert und die Finanzierung des Staates durch die Zentralbank löst die jahrzehntelang mühselig geübte Zurückhaltung in der Verschuldung des öffentlichen Sektors ab. Der Staat bevormundet die Menschen, der Staat bevormundet die Wirtschaft.

Im Ergebnis belasten rund 3,6 Millionen Arbeitslose in einem zerrütteten Arbeitsmarkt die Sozialkassen. Zusätzlich sind 2,6 Millionen Menschen in Kurzarbeit. Somit sind insgesamt etwa gut 6 Millionen Menschen in einer prekären Situation.[125]

Ein Virus verschafft jetzt ein passendes Alibi für das Staatsversagen. Alles Verderben lässt sich der „Seuche" zurechnen. Und es wird so kommen.

WAS WIRD SEIN?

Johann Wolfgang von Goethe schreibt im März 1832 in seinem letzten Brief vor seinem Tod an Wilhelm von Humboldt: „Verwirrende Lehre zu verwirrenden Handel waltet über die Welt ...“[126] und zeigt sein Unverständnis, aber auch seine Resignation über die Weltenlage. Sie sei „so absurd und konfus“, heißt es in seinem Brief einige Zeilen zuvor. Er beabsichtigt (dennoch oder gerade deshalb?), seine „Eigentümlichkeiten“ zu intensivieren („kohobieren“).

Heute ist die Lage nicht minder absurd und konfus, und ich habe den Eindruck, dass sich angesichts der Torheiten und Widersinnigkeiten in Deutschland nichts zum Besseren wenden wird. Da bleibt wohl wirklich nicht viel mehr, als sich selber seine Eigentümlichkeiten zu bewahren.

Ludwig Börne jedoch zeigt sich optimistisch und erwartet Änderungen zum Besseren. Er schreibt in seinem Brief aus Paris am 10. März 1833:

„Woher kömmt nun dieser Unterschied zwischen Frankreich und Deutschland? In Frankreich herrscht die öffentliche Meinung, die man wohl irre zu führen sucht, der man aber nicht zu trotzen wagt. Sie ist mächtiger als die Regierung und weit mächtiger als der König. In Frankreich ist das Volk der Staat. In Deutschland hat die öffentliche Meinung sich noch nicht geltend zu machen verstanden, darum ist das Volk nichts."

Das Volk habe noch keinen Widerspruch geleistet, aber, so endet dieser Brief Börnes, „aber das wird noch kommen."

Börne irrt. Leider. Nennenswerten Widerspruch gibt es weder zu seiner Zeit, noch heute.

Das Volk genießt heute den Gehorsam, jede auch noch so absurde, widersprüchliche Anordnung der Obrigkeit wird bereitwillig befolgt. Dabei merken die Menschen nicht, dass die Freiheit, die eines der wesentlichen Grundrechte in diesem Staat gewesen ist, künftig allenfalls als Gefälligkeit bei Wohlverhalten gewährt wird, nicht aber als Rechtsanspruch.

Hinzu kommt die hemmungslose Verschuldung des Staates, die schon seit Jahrzehnten betrieben, jetzt jedoch, mit der Begründung der Bekämpfung eines Virus, extensiv ausgeweitet wird. Die Verschuldung wird niemals solide abgebaut werden, sondern nur auf dem Weg möglich sein,

dass sich der Staat mit einer offenen oder verdeckten Geld-
entwertung entlastet und für Staatsschulden keine Zinsen
zahlt.

Ein Grundpfeiler der Bundesrepublik Deutschland,
der fünfzig, sechzig Jahre lang die politische Stabilität der
Landes prägte, ist das Vertrauen in den Staat. Dieses Ver-
trauen dürfte bei manchen, bei längerer Dauer bei vielen,
stark ankränkeln, weil die Obrigkeit es versäumt, klare,
nachvollziehbare Kriterien dafür zu benennen und zu erklä-
ren, unter welchen Gegebenheiten bestimmte Maßnahmen
für notwendig erachtet werden, und die dann auch wieder
aufgehoben werden müssen, wenn die definierten Kriterien
die Einschränkungen nicht mehr rechtfertigen. Stattdessen
werden immer neue Kriterien genannt, wieder verworfen
und erneut in Kraft gesetzt. Alles wird autoritär verfügt.

Es geht drunter und drüber, und die demokratischen
Strukturen werden brüchig.

Aber es gibt Hoffnung. Franzosen geben Hoffnung.

Insofern hat Börne recht, wenn er schreibt, in Frankreich herrsche „die öffentliche Meinung, die man wohl irre
zu führen sucht, der man aber nicht zu trotzen wagt. Sie ist
mächtiger als die Regierung."

Seit Anfang des Dezember 2020 zeigen Franzosen ihren Protest gegen die auch in Frankreich bestehenden rigorosen Einschränkungen im „Kampf gegen Corona". Mit einer Hymne, wieder einmal, wie im Verlauf der Französischen Revolution 1792 mit der „Marseillaise", der heutigen Nationalhymne, begehren Franzosen gegen die Obrigkeit auf. Diesmal heißt die Hymne „Danser encore" (etwa: Wir wollen weiter tanzen).

Im ganzen Land, hauptsächlich jedoch in Paris, tanzen und singen Menschen jeglichen Alters zu einer mitreißenden Musik. Zum Beispiel im wunderschönen Bahnhof Gare de l'Est am 8. April 2021.

Menschen, die es eilig haben, huschen durch die Bahnhofshalle, andere, diejenigen mit mehr Muße, schlendern durch die Halle, einige werden von der Polizei aufgehalten, die sie kontrolliert. Plötzlich ertönt Musik. Zwei Männer, zwei Posaunisten, blasen auf ihren Instrumenten, spazieren gemächlich durch die Halle auf einen weiteren Musiker mit einer Gitarre zu, aus verschiedenen Ecken stoßen weitere Musiker hinzu, die auf ihrem Banjo, einer zweiten Gitarre oder einer Trommel in die Musik einstimmen.

Schon bei den ersten Tönen der Instrumente ist auch Gesang zu hören, der immer lauter wird, weil immer mehr Menschen stehen bleiben und mitsingen. Und dann tanzen sie auch noch, dazu singend. Einige scheinen Tanz- und Gesangskünstler zu sein, so geschickt bewegen sie sich, und so schön singen sie. Auch der etwas reifere Herr, mit einem dunklen bretonischen Kaban bekleidet und einem Strohhut auf dem Kopf bewegt sich gekonnt zwischen den Tanzenden.

Jetzt ist auch zu verstehen, was die immer größer werdende Gruppe singt: „Nous, en veut continuer à danser encore / voir nos pensées enlacer nos corps. / Passer nos vies sur une grille d´accords. / Oh, non, non, non, non, non, non!…"[127] Dann formiert sich eine Protestbewegung, die sich durch die Bahnhofshalle bewegt, immer lauter singend und dabei tanzend. Die Menschen, es werden immer mehr, einige Hundert, jede Altersgruppe ist jetzt vertreten, verleihen ihrem Widerstand gegen die Regierung friedlich, kreativ, harmonisch Ausdruck. Sicherheitskräfte sehen dem Treiben untätig am Rande zu, sie sind auch unnötig, weil die Singenden und Tanzenden ohne Aggressionen ihren Protest zeigen.

Die Musik klingt aus, nur der Gesang ist noch zu hören, nach einiger Wiederholungen des Refrains wird auch der Gesang leise, bricht ab. Die Menschen gehen auseinander, sie haben wieder Lebensfreude zurück gewonnen und weitergegeben: Etwa 3 Millionen Aufrufe sind auf Youtube für dieses Video im Verlauf von zwei Wochen registriert.

Nach diesem ermutigenden Einblick in das heutige Frankreich soll ein Exkurs in die Vergangenheit, (oder ist es womöglich der Blick auf die heutigen Zustände?) dieses Buch abschließen.

Das Schlusswort gebührt, zumal da das Buch durch seine Schriften wesentlich geprägt ist, natürlich Heinrich Heine. In der Vorrede zu den „Französischen Zuständen" schreibt Heine:

„Armes, unglückliches Vaterland! welche Schande steht dir bevor, wenn du sie erträgst, diese Schmach! welche Schmerzen, wenn du sie nicht erträgst!"

Der dieser Bemerkung folgende Text Heines ist der Zensur zum Opfer gefallen. In der gedruckten Vorrede zeigen Leerstellen, markiert durch Striche, dass die Zensur erfolgreich tätig gewesen ist. Etwa die Hälfte des Textes wird Heine weggestrichen. Die Zensoren üben ihre wichtige Tätigkeit auf gesetzlicher Grundlage aus, dem „Bundesbeschluß über Maßregeln zur Aufrechterhaltung der gesetzlichen Ordnung und Ruhe in Deutschland" vom 28. Juni 1832, zur „bewährten Fürsorge für das gemeinsame Beste des Deutschen Vaterlandes", wie es in der Präambel heißt.

(Beiseite: Der Zensurgesetze bedarf es heute nicht, denn in geschmeidiger Anpassung handeln die Leitmedien eigenverantwortlich für das gemeinsame Beste).

Und dies ist der zensierte Text, der erst in späteren gedruckten Ausgaben der „Französischen Zustände" erscheint:

„Nie ist ein Volk von seinen Machthabern grausamer verhöhnt worden. Nicht bloß, daß jene Bundestagsordonnanzen voraussetzen, wir ließen uns alles gefallen - man möchte uns dabei noch einreden, es geschehe uns ja eigentlich gar kein Leid oder Unrecht. Wenn ihr aber auch mit Zuversicht auf knechtische Unterwürfigkeit rechnen durftet, so hattet ihr doch kein Recht , uns für Dummköpfe zu halten. (…) Diese unverdiente Beleidigung, daß ihr uns für noch dümmer gehalten als ihr selber seid, und euch einbildet, uns täuschen zu können, das ist die schlimmere Beleidigung, die ihr uns zugefügt in Gegenwart der umstehenden Völker, die noch mit Erstaunen warten, was wir thun werden. Es handelt sich jetzt nicht mehr, sagen sie, um die Freiheit, sondern um die Ehre."

¹ Eine kleine Auswahl einiger Überschriften in den Zeitungen und in den Online-Auftritten der öffentlich-rechtlichen Rundfunkanstalten zeigt, wie Panik geschürt, aber das Gegenteil behauptet wird: „Was die Corona-Panik mit uns macht" (hr-fernsehen 18. März 2020), „Experte: Kein Grund zur Corona-Panik" (Westdeutsche Zeitung 24. Januar 2020), „Coronapanik? Tief durchatmen bitte!" (RND 6. März 2020), „Charité- Epidemiologe: ‚Kein Grund zu Angst und Panik'" (Berliner Zeitung 22. Oktober 2020), „Keine Panik - aber Vorsicht" (Berliner Kurier 20. Oktober 2020).

Die meisten Leitmedien vermeiden es, seriös deutlich Relationen der gemeldeten Infektionen (zum Beispiel zu der Anzahl der Testungen oder der Bevölkerungszahl) darzulegen. Auf die sehr eingeschränkte Aussagefähigkeit der Infektionstests (Fehlerrate, Ansteckungsfähigkeit des in den Proben gefundenen Virusmaterials) weisen die Medien in der Regel nicht hin.

² „Bild": „Facebook löscht Heinrich Heine", Online, 12. April 2021.
Das ganze Zitat lautet so: „Der Deutsche gleicht dem Sklaven, der seinem Herrn gehorcht ohne Fessel, ohne Peitsche, durch das bloße Wort, ja durch einen Blick. Die Knechtschaft ist in ihm selbst, in seiner Seele; schlimmer als die materielle Sklaverei ist die spiritualisierte. Man muß die Deutschen von innen befreien, von außen hilft nichts." („Letzte Gedichte und Gedanken von Heinrich Heine. Aus dem Nachlasse des Dichters zum ersten Male veröffentlicht. Dritte Auflage, Hamburg 1869, S. 233.)

³ Franz Grillparzer: „Sämtliche Werke", Wien 1909, Hg. August Sauer und Reinhold Bachmann, II. Abteilung, Bd. IV, S. 44f.
Grillparzer besucht Heine in seiner Wohnung Cité Nr. 3: „Tolle Wirthschaft. Denn er wohnt da in ein paar der kleinstmöglichen Stuben mit einer oder zwei Grisetten, denn zwei waren eben da, die in den Betten herumstörten, und von denen er mir eine, eben nicht zu hübsche, als seine petite bezeichnete. (…) Wir kamen gleich in die Literatur, fanden uns in unsern Neigungen und Abneigungen ziemlich auf demselben Wege und ich erfreute mich des seltenen Vergnügens bei einem deutschen Literator gesunden Menschenverstand zu finden."

[4] „Frankfurter Allgemeine Zeitung": „Über das Heine-Jubiläum", Online, 19. Februar 2006.

[5] Es ist auch deprimierend, dass die deutsche Sprache heute von Sprachpfuschern verhunzt wird. Der „geschlechtergerechte" Sprachgebrauch, die „gendergerechte" Sprache mit „Gendersternchen", Wörter mit „Binnen-I", Unterstrich, oder „Gender-Gap" zu schreiben, mit Doppelnennungen (Autorinnen und Autoren), den Sprach- und Lesefluss damit zu unterbrechen, das alles sind verabscheuungswürdige Untaten, begangen von solchen Ignoranten, die keine Empfindungen zur deutschen Sprache entwickelt haben und die verkennen oder nicht wissen wollen, dass grammatische und biologische Geschlechter zweierlei sind. Immer neue Mutationen einer pervertierten Sprache muss ich ertragen. Ich werde nicht dazu beitragen, die Sprache zu verunstalten. Ich werde die illiterate, hässliche, deformierte „Gendersprache" nicht verwenden, nie und nimmer!

[6] Salomon Heine, Heinrich Heines Onkel, ist Heinrich sehr zugetan. Ein Beispiel aus ihrer Korrespondenz kann das Verhältnis zwischen Onkel und Neffe illustrieren.
Am 23. Juni 1832 schreibt Salomon Heine in sehr individueller Orthographie an Heinrich Heine, der den Geburtsnamen Harry trägt: „lieber Hary Heine verschiedene Deine Brief habe seinerzeit, richtig bekommen, Dein Wohl seyn, und gute laune erfreiten mich sehr. Carl sagt mir, daß Du Ihm große Anhänglichkeit in Paris erwisen, da für mein Danck eben so für Deine Anhänglichkeit, an der ganzen Familie Heine, was daan baumelt und Bamelt Die Welt bleibt unruhig, was soll da aus werden meine Frau und alle grüßen Dich, ich war nicht wohl, jezt wohl, ich lebe ruhig, Thue daß auch schreibe ruhig, daß gefält, und Dein Name ist recht gut, unter dem gelehrten herren, lebe wohl Dein liebender Onckel s Heine" - zit. nach „Heinrich Heine, Säkularausgabe, Werke Briefwechsel, Lebenszeugnisse, Berlin 1974, S. 132.

[7] „August Lewald's gesammelte Schriften. In einer Auswahl. Sechster Band.", Leipzig 1844, S. 43.

[8] Eine Frage, beiseite gesprochen: Wo sind heute diejenigen, die ihre Meinung mit Verachtung der Gefahr ins Publikum senden? Ja, ich weiß, einige wenige gibt es, sehr wenige, mancher von ihnen kommt in diesem Buch zu Wort.

[9] Heinrich Heine: „Französische Zustände", Artikel VI, Hamburg, bei Hoffmann und Campe 1833, S. 147 (alle weiteren Zitate aus den „Französischen Zuständen" sind dieser Ausgabe entnommen. Der besseren Lesbarkeit wegen verzichte ich im Folgenden auf die detaillierten Seitenangaben).

Ein Hinweis sei an dieser Stelle eingefügt: Heinrich Heine, Ludwig Börne und alle weiteren Autoren, die ich in diesem Buch zitiere, gehen sehr großzügig mit den Eigennamen der handelnden Personen, Institutionen und Orte um. Eine einheitliche Schreibweise gibt es nicht. Deshalb werden Sie in den Zitaten, selbst im fortlaufenden Text eines Autors, von einander abweichende Schreibweisen finden.

[10] „Deutsche Welle": „Mysteriöse Krankheit in China entdeckt", Online, 31. Dezember 2019.

[11] „Covid Reference", Christian Hoffmann, Bernd Sebastian Kamps: Zeitachse Covid, Online.

[12] Mi-Carême: traditionelle französische Karnevalsfeier zur Mitte der Fastenzeit.

[13] Robert Koch-Institut: „Epidemiologisches Bulletin" 7/2020 vom 13. Februar 2020.

[14] Tanz, ähnlich dem Can Can.

[15] „Süddeutsche Zeitung": „Coronavirus: Etwa 1000 Menschen in häuslicher Quarantäne", Online, 28. Februar 2020.

[16] Franz Ritter von Heintl: „Bemerkungen auf einer Reise von Wien nach Paris im Jahre 1831", IV. Band, Wien, Auf Kosten des Verfassers, 1834, S. 224 ff.

[17] „Bayerische Staats-Zeitung" Nro. 38, 13. April 1832, S. 302.

[18] Siehe Antwort der Bundesregierung auf eine Kleine Anfrage der Fraktion der AfD, Drucksache 19/24525 vom 20. November 2020: „Corona-Intensivbetten in Deutschland".

[19] DIVI-Intensivregister (Deutsche Interdisziplinäre Vereinigung für Intensiv- und Notfallmedizin, in Zusammenarbeit mit dem Robert Koch-Institut), Stand 30. März 2021.

[20] Die Bundeskanzlerin, Mediathek: „Kanzlerin Merkel zum Coronavirus", Online, 11. März 2020.

[21] Dr. C. Canstatt, jun.: „Die Cholera in Paris. Auszüge aus Briefen über Entstehung, Verlauf und Behandlung der Cholera in Paris", Regensburg 1832.

[22] C. Mettenius: „Alexander Braun´s Leben nach seinem handschriftlichen Nachlaß", Berlin 1882, S. 219 f.
Braun ist für Studien der Botanik in Paris, 1833 wird er Professor für Botanik in Karlsruhe.

Die „Allgemeine Encyklopädie der Wissenschaften und Künste, Dritte Section O-Z", Leipzig 1839 gibt unter dem Stichwort „Paris" für das Jahr 1827 als Einwohnerzahl „890.000 Köpfe" an.

[23] RP-Online, 27. Januar 2020.

[24] Deutscher Bundestag, 148. Sitzung, 4. März 2020.

[25] Eduart Burkart: „Die Cholera in Paris, ihr Entstehen, ihre Verbreitung, Ursachen und Behandlung", Inaugural-Abhandlung zur Erlangung der medizinischen Doctors-Würde an der Grossherzoglich-Badischen Hochschule zu Freiburg im Breisgau, Konstanz 1835, S. 7 f.

[26] „Oesterreichischer Beobachter", Nro. 118, Freitag, den 27. April 1832, S. 578.

[27] „Oesterreichischer Beobachter", Nro. 110, Donnerstag, den 19. April 1832, S. 544.

[28] „Die Welt": Robin Alexander, „In Deutschland schlägt die Stunde der Mitte", Online, 18. März 2020.

[29] Bundesgesundheitsministerium auf Twitter, 14. März 2020, 11:15 vorm.

[30] Pressemitteilung 96, Presse- und Informationsamt der Bundesregierung, „Vereinbarung zwischen der Bundesregierung und den Regierungschefinnen und Regierungschefs der Bundesländer angesichts der Corona-Epidemie in Deutschland", 16. März 2020.

[31] Brevêt de lys: Nachweis, dass jemand der „Lilienpartei" angehört, der Partei der Bourbonen, der Partei Karls X. Die Lilie, die Blume, ist das Symbol der Bourbonen.

[32] Phryne: Griechische Prostituierte im 4. Jahrhundert v. Chr.; Poissarde: Fischweib; Fischweiber bewirken während der französischen Revolution im Oktober 1789, dass Ludwig XVI. von Versailles ins revolutionäre Paris umziehen muss.

[33] Peripathetische Philosophinnen: Heine verbindet die peripathetische Philosophenschule Aristoteles´ mit der französischen Bezeichnung „péripatéticiennes du trottoir", kurz Prostituierte.

[34] vgl. Ortwin Lämke: „Heines Begriff der Geschichte - Der Journalist Heinrich Heine und die Julimonarchie", Berlin, Heidelberg, 1997, S. 10.

[35] Emeute: Aufruhr, Aufstand.

[36] Myrmidonen: archaischer Volksstamm im Norden Griechenlands. Im Kampf um Troja (Homers Ilias) tat ein kleines Heer der Myrmidonen sich besonders hervor mit bedingungslosem Gehorsam und herausragender Tapferkeit.

[37] Heinrich Heine wählt für Casimir Pierre Périer, den Ministerpräsidenten und Innenminister Frankreichs im Jahr 1832, die Schreibweise Perier. Ludwig Börne schreibt den Namen als Perrier.

[38] Bundeskriminalamt: „Aktuelle Entwicklungen im Protestgeschehen im Kontext der ‚Covid-19'-Pandemie", 27. November 2020, zit. nach „Tichys Einblick": „Bundeskriminalamt: Querdenker-Demos nicht rechts, Gewalt droht von links", Online 9, Dezember 2020.

[39] Universität Basel, Institut für Soziologie, Oliver Nachtwey, Robert Schäfer, Nadine Frei: „Politische Soziologie der Corona-Proteste", 17. Dezember 2020.

Dies sind einige Hauptergebnisse der Untersuchung:
Zu 95 Prozent stimmen die Befragten der These zu: „Die Corona-Problematik wird von der Regierung dramatisiert oder übertrieben."
Zu 97 Prozent stimmen die Befragten der These zu: „Die Regierung schürt im Umgang mit dem Corona-Virus unnötig Angst."
Zu 81 Prozent stimmen die Befragten der These zu: „Die Corona-Maßnahmen der Regierung sind willkürlich."
Zu 68 Prozent stimmen die Befragten der These zu: „Banken und Konzerne werden die großen Profiteure der Corona-Krise sein."
Zu 96 Prozent stimmen die Befragten der These zu: „Die Corona-Maßnahmen bedrohen Meinungsfreiheit und Demokratie."
Zu 80 Prozent stimmen die Befragten der These zu: „In Deutschland kann man nicht mehr frei seine Meinung äußern, ohne Ärger zu bekommen."

[40] Moritz Karasowski.: „Friedrich Chopin. Sein Leben und seine Briefe", Dresden 1878, S. 225 ff.

Die Briefe Chopins hat Karasowski im Original erhalten und sie nach der Auswertung an die Familie Chopins in Warschau zurückgeschickt. Dort sind sie vernichtet worden.

[41] „Bild": „Angriff auf das Herz unserer Demokratie", Online, 30. August 2020.

[42] Lars Klingbeil: „Reichskriegsflaggen am Reichstag. Ich fasse es nicht. Das ist so bitter", Twitter 29. August 2020.

[43] Ginguettes: Kneipen.

[44] Eduart Burkart: a.a.O., S, 26 f.

[45] siehe Fußnote 3.

[46] Gustav Karpeles, Hg.: „Heinrich Heines Autobiographie", Berlin 1888, Brief an Campe, 12. Januar 1836, S. 330.

Auch dieser Satz Heines verdient wegen der hinreißenden Alliterationen Ihre besondere Aufmerksamkeit. Er „genieße mit vollsaugender Seele alle Süßigkeiten dieser Lustsaison". Wunderbar!

[47] Statistisches Bundesamt: „Fallsterblichkeit beim Coronavirus (Covid-19) nach Ländern 2021", Stand 23.Februar 2021.
Die Letalitätsrate definiert das Statistische Bundesamt als „Verhältnis der Todesfälle **in Zusammenhang** mit dem Virus zur Zahl der beendeten Coronainfektionen (geheilt oder verstorben)." (Meine Hervorhebung).

[48] Robert Koch-Institut: „Covid-19-Lagebericht vom 26. Februar 2021", Tabelle 4, Im DIVI-Intensivregister erfasste intensivmedizinisch behandelte Covid-19-Fälle: 21.679.

[49] „Allgemeine Encyclopädie der Wissenschaften und Künste", Siebzehnter Teil, Leipzig 1828, Stichwort „Cholera", S. 42 ff.

[50] Michael Lenhossék: „Bemerkungen über die Behandlung der orientalischen Brechruhr (Cholera orientalis) und einiger anderer gegenwärtig im Königreiche Ungarn herrschenden epidemischen Krankheiten", Innsbruck 1831, S. 40 f.

Auch wenn Lenhossék bei der Analyse der Ursachen der Cholera irrt, so hat er auf anderem Gebiet, der Bekämpfung der Pocken, große Verdienste erworben. Als einer der ersten hat er in Ungarn die Pockenimpfung eingeführt.

[51] „Oesterreichischer Beobachter", Nro. 111, Freitag, den 20. April 1832, S. 549.

[52] „Bayerische Staats-Zeitung", Nro. 37, 12. April 1832.

[53] Das „Juste-Milieu" ist die Bezeichnung für die Regierungspartei und deren Politik. Der „Moniteur universel" (31. Januar 1831) zitiert König Louis-Philippe: „Wir werden versuchen, uns in der Mitte zu halten, weg vom Übermaß der Volksmacht und des Missbrauchs der königlichen Macht." („Nous chercherons à nous tenir dans un juste milieu, également éloignés des excès du pouvoir populaire et des abus du pouvoir royal"), meine Übersetzung. Louis-Philippe äußert dieses Wort auf einer Audienz am 29. Januar 1831.
In Deutschland hat die Bezeichnung „Juste Milieu" etwa seit 1980 eine grundlegende Wandlung erfahren. Das Juste Milieu, damals in Frankreich, heute in Deutschland, hält wenig bis nichts von der Freiheit aller, sondern die Vertreter dieser Gesellschaftsschicht wollen die Macht für ihre Klientel; in dieser Hinsicht herrscht Kontinuität. Aber im Frankreich des Bürgerkönigs stellt die bürgerliche Mittelschicht das Juste Milieu, bestimmend für den technischen Fortschritt und die Industrialisierung, heute sind es die Links-Grünen, die die Schlüsselstellungen in den Medien, den Universitäten und in der Politik einnehmen. Sie haben den Mut für Neues verloren, schüren Untergangsängste und wissen alleine, was richtig ist. Zweifel ist ihnen fremd. Wer nicht zu ihnen gehört, ist „Rechtspopulist".

[54] „reitschuster.de": „SWR-Chef entlarvt sich: ‚Keine strittigen Thesen' zu Corona - Intendant gibt offen zu: Bildschirmverbot für Corona-Kritiker", Online, 29. September 2020.

[55] „Tichys Einblick": „Studie aus dem BMI Teil 4: Im Ministerium versandet, Presse gehorcht", Online, 11. Mai 2020.

[56] „Der Spiegel": „Umstrittenes Papier - Mitarbeiter im Bundesinnenministerium kritisiert Corona-Maßnahmen", Online, 10. Mai 2020.

[57] SWR: Kommentar „Tagesthemen", Rainald Becker, 6. Mai 2020.

[58] Rudolf Virchow: „Mittheilungen über die in Oberschlesien herrschende Typhus-Epidemie", Berlin 1848.

[59] „Tagesschau": „Daten müssen weiter abgetippt werden", Online, 18. März 2021.

[60] Statistisches Bundesamt: „Sonderauswertung zu Sterbefallzahlen der Jahre 2020/2021", 30. März 2021.

[61] Göran Kauermann, Helmut Küchenhoff, Statistisches Beratungslabor der Ludwig-Maximilians-Universität München: CoDAG-Bericht Nr. 4, 11. Dezember 2020.

[62] Bernhard Gill: „Keine Übersterblichkeit trotz Covid", „Telepolis", 3. Januar 2021.

[63] „Le Moniteur universel" schreibt am 3. April 1832: „Ce soir, Paris est parfaitement tranquille."

[64] Felix Mendelssohn Bartholdy: „Reisebriefe", 11. Januar 1832, Projekt Gutenberg.

[65] Moritz Karasowski: „Friedrich Chopin. Sein Leben und seine Briefe", Dresden 1878, S. 239.

[66] Landeshauptstadt Düsseldorf: „Erweitere Maskenpflicht und Verweilverbot", 24. Februar 2021. „In einem Verweilverbotsgebiet dürfen sich Menschen im öffentlichen Raum aufhalten, so lange sie sich fortbewegen, jedoch nicht verweilen, im Sinne von länger stehen bleiben, sich hinsetzen oder zum Beispiel auf eine Wiese legen." (Allein schon für die Wortschöpfung „Verweilverbotsgebiet" und die dazu gehörende Erläuterung ist der Obrigkeit großer Dank geschuldet).

[67] „Allgemeine Zeitung. Mit allerhöchsten Privilegien", Augsburg, No. 115, Dienstag, 24. April 1832.

[68] Boris Blaha: „Offener Brief an die Bundeskanzlerin Dr. Angela Merkel", www.hannah-arendt.de, 3. Februar 2021.

[69] Friedrich Arnold Steinmann: „Briefe aus Berlin. Geschrieben im Jahr 1832, Zweiter Theil", Hanau 1832, S. 81 f.

[70] Harpye oder Harpyie: In der griechischen Mythologie geflügelte Mischwesen, die schnell, unheilvoll und unverwundbar sind.

[71] „Le Globe": „Il n'est qu'une manière d'écarter le cholera, c'est d'agir sur le moral des masses. Toute personne dont la situation morale est satisfaisante n'a rien à craindre du fléau. C'est ainsi que nous, qui avons une foi et qui contemplons l'avenir d'un œil calme, nous ne puvons en être atteints." 11. April 1832.

[72] Heinrich Heine, Brief an Julius Campe, 12. Januar 1836, zum Verbot und der Zensur von Büchern.

[73] „Ils n'existent plus que pour lire les ordonances de police et les bulletins des hospices: l'œil fixé sur les chiffres qui indiquent le nombre (…) des morts. (…) Ils passent leur temps à lire la ‚Gazette des Hôpitaux' (…) à la manière du malade imaginaire." (Meine Übersetzung).

[74] „Merkur": „Rasante Ausbreitung in Deutschland: Robert-Koch-Institut warnt vor bis zu 10 Millionen Infizierten", Online, 1. April 2020.

[75] Patrik Gensing, ARD-Faktenfinder: „Weniger gefährlich als die Grippe?", Online, 29. März 2020.

[76] „Deutschlandfunk": „Virologe Stürmer: Im schlimmsten Fall knapp 500.000 zusätzliche Tote'", Online, 17. März 2020.

[77] „Bild": „Innenminister Seehofer im Bild-Interview -Ohne Handeln möglich, dass es ‚Millionen Tote gibt'", Online, 31. März 2020.

[78] „Welt am Sonntag": „Corona-Politik - Aufruf zu ‚maximaler Kollaboration'", Online, 7. Februar 2021.

[79] „Welt am Sonntag": a.a.O. mit ausschnittsweisem Screenshot einer Mitteilung von Staatssekretär Markus Kerber: „Ich danke Ihnen bereits jetzt von ganzem Herzen vorab. Ich habe gegenüber meinem Freund und Nachbarn Lothar Wieler die Situation mit Apollo 13 verglichen. Sehr schwierige Aufgabe, aber mit Happy End durch maximale Kollaboration." - Markus Kerber lässt hier (mindestens) eine gewisse sprachliche Sensitivität vermissen, denn das Wort „Kollaboration" ist in seiner Bedeutung negativ konnotiert, weil es im weit verbreiteten Sprachgebrauch im Sinne der Zusammenarbeit mit dem Gegner insbesondere in Zeiten des Krieges gebraucht wird. Hier sei vor allem auf die Kollaboration mit dem NS-Regime in den besetzten Ländern während des Zweiten Weltkriegs erinnert.

[80] Die Reproduktionszahl R des Robert Koch-Instituts ist eine zeitabhängige Größe, die die Schwankungen in der Anzahl der Neuinfektionen misst. Ist $R=1,0$, so infiziert ein Erkrankter einen anderen Menschen.

Die Reproduktionszahl ist eine unpräzise Größe, weil nicht alle Infizierten zum Arzt gehen und dort getestet werden. Auch vergeht eine gewisse Zeit zwischen der Infektion und dem Auftreten von Symptomen. Und für die Übermittlung der Daten von der Arztpraxis über Gesundheitsämter und Landesämter zum Robert Koch-Institut vergeht wiederum Zeit.

An Wochenenden oder Feiertagen sind zudem die meisten Gesundheitsämter geschlossen, so dass es besonders nach Feiertagen bis zu zwei Wochen dauert, bis die Daten aktualisiert sind.

[81] Der Inzidenzwert gibt an, wie viele Neuinfizierte innerhalb von sieben Tagen je 100.000 Einwohner registriert werden. Auch bei dieser Maßzahl zeigen sich die Probleme aus zeitlichen Verzögerungen der Ermittlung und Weitergabe der Daten. Entscheidend für die Bewertung der Maßzahl ist, in welchem Umfang Tests erfolgen: Je mehr getestet wird, desto höher ist der ausgewiesene Inzidenzwert (bei gleichbleibender tatsächlicher Infektionsrate).

Ganz deutlich: Die Inzidenz ist eine Zahl, die nicht die Erkrankungen mit Covid-19 anzeigt. Nur die tatsächliche Krankheitslast, die Zahl der Erkrankungen und ihre Schwere, dürfte für die Schutzmaßnahmen herangezogen werden, um die Verhältnismäßigkeit der Maßnahmen zu wahren.

[82] Ludwig Wittig: „Ein Jahrhundert der Revolutionen. Geschichtliche Entwicklung der Kämpfe für und gegen die Völkerfreiheit, vom amerikanischen Unabhängigkeitskriege bis in die neueste Zeit.", Erster Theil, Zürich 1874, S. 369.

[83] „Rapport de l'Académie Royale de Médecine sur le Choléra-Morbus", Paris 1831, S. 163 ff.

[84] Leopoldina -Nationale Akademie der Wissenschaften: „Coronavirus-Pandemie: Die Feiertage und den Jahreswechsel für einen harten Lockdown nutzen", 7. Ad-hoc-Stellungnahme - 8. Dezember 2020.

[85] Rudolf Virchow: „Die Noth im Spessart. Eine medicinisch-geographisch-historische Skizze", in: „Verhandlungen der Physicalisch-Medicinischen Gesellschaft in Würzburg", Dritter Band, Würzburg 1852, S. 160.

Virchow beginnt seinen Bericht mit einem Rückblick auf seine Reise nach Oberschlesien, die er vier Jahre zuvor zur Beobachtung der „Hungerpest" gemacht hat: „Am Abende des 20 Februar 1848 war ich von Berlin abgereist, voll von der Unruhe und dem Mitgefühle, welches eine so unbekannte und so schreckliche Seuche bei jedem Arzte erregen musste, und doch wenig ahnend, wie bleibende und dauerhafte Einflüsse die Erfahrungen dieser Reise auf den ganzen Kreis meiner Anschauungen ausüben würden."

[86] „Bild": „‚Leopoldina'-Professor rechnet ab - Regierung spannt Experten für Corona-Propaganda ein!", Online, 14. Februar 2021.

[87] Michael Esfeld: „Wissenschaft und Aufklärung in der Corona-Krise", Liberales Institut, Zürich 2020.

[88] vgl.: Irving L. Janis: „Groupthink: Psychological Studies of Policy Decisions and Fiascoes", Boston 1982.

[89] „Instruction Populaire sur les principeaux moyens à employer pour se garantir du Choléra-Morbus, et sur la conduite à tenir lorsque cette maladie se déclare", Villefranche 1832.

[90] Heinrich Mann: „Der Untertan", München 1964, S. 47.

Den Roman „Der Untertan" schließt Heinrich Mann 1914 kurz vor Ausbruch des Ersten Weltkriegs ab; das Buch erscheint erst vier Jahre später, als der Weltkrieg Nummer Eins beendet ist.

[91] a.a.O.: S. 358.

[92] „Journal der practischen Heilkunde", herausgegeben von C. W. Hufeland und E. Osann, V. Stück, Berlin 1831, S. 125 f.

[93] Außerordentliche Beilage zur Allgemeinen Zeitung. Nro. 220. 1832. (6. Jun.), „Französische Zustände."

[94] Heinrich Heine notiert, Casimir Périer sei an der Cholera gestorben. In der Aufstellung der Liste der herausragenden Toten des Jahres 1832 („Nécrologe de 1832, ou Notices Historiques sur les Hommes les plus Marquans tant en France que dans l'Etranger, morts pendant l'année 1832") heißt es, Périer sei von der Cholera angesteckt und die Krankheit habe seine Kräfte eingeschränkt. Gestorben sei Périer, wie eine Autopsie ergeben habe, an einer Magenkrankheit. (S. 231 ff.).

[95] Ennui: Gleichgültigkeit.

[96] Friedrich Wilhelm Held: „ Populär-pragmatisch-kritische Geschichte des Revolutions-Zeitalters", Zweiter Halb-Band, Leipzig o. J., S. 1172.

[97] „Those who would give up essential Liberty, to purchase a little temporary Safety, deserve neither Liberty nor Safety", Benjamin Franklin in der Pennsylvania Assembly am 11. November 1755, in: Votes and Proceedings of the House of Representatives, 1755-1756, pp. 19-21. (Meine Übersetzung).

[98] infratest dimap: „ARD-DeutschlandTrend März 2021". (In dieser eigenwilligen Schreibweise).

[99] Allerdings ist hier, wie auch bei fast allen anderen Umfrageergebnissen zu beliebigen Themen, zweifelhaft, ob über die wirkliche Stimmungslage berichtet wird.

Die Fragen, die den zufällig ausgewählten Bürgern gestellt worden sind, werden nicht veröffentlicht, aus gutem Grund, denn eine transparente Fragestellung könnte erkennen lassen, ob mit suggestiver Wortwahl ein bestimmtes gewünschtes Ergebnis gefördert wird. Auch wäre es hilfreich für eine Einordnung der veröffentlichten Ergebnisse, wenn die Korrekturfaktoren für eine angeblich repräsentative Umfrage offen gelegt würden, denn der neutrale Beobachter wüsste gerne, wie die Auswahl der Befragten, nämlich die am Tage telefonisch per Festnetzanschluss und online erreichbaren Bürger, also hauptsächlich nicht berufstätige Menschen, in eine repräsentative Umfrage transformiert wird, die die Gesamtheit der Bürger widerspiegeln soll.

[100] Insurrektion: Erhebung.

[101] „Rapport de L´Académie Royale de Médecine sur le Choléra-Morbus", Paris 1831, Première Partie, Lue en Séance Générale les 26 et 30 Juillet 1831, S. 4.

[102] „Rapport", a.a.O., S. 141 f.

[103] „A cet égard, il en est des grandes épidémies, dans l´ordre physique, comme des révolutions dans l´ordre politique: au milieu des violents secousses et des changemens brusques qui, par intervalles, agitent les nations."

[104] C. Mettenius: „Alexander Braun´s Leben nach seinem handschriftlichen Nachlaß", Berlin 1882, S. 224 f. („Es lebe die Republik! Es lebe die Freiheit! Nieder mit dem juste-milieu, nieder mit Louis Philippe!").

[105] Friedrich Wilhelm Held: „Populär-pragmatisch-kritische Geschichte des Revolutions-Zeitalters", Zweiter Halbband, Leipzig o.J., S. 1171.

[106] Eugène Roch: „Paris Malade, Esquisses du Jour", Paris 1832, Vorwort, S. 11.

[107] Millionen Migranten, die ungeachtet der einschränkenden Asylregeln des Grundgesetzes und völkerrechtlicher Verträge (Dubliner Übereinkommen) seit Jahren, besonders im Jahr 2015, ungehindert ins Land kommen, und deren Integrationsbemühungen zum großen Teil allenfalls rudimentär vorhanden sind, sie tragen dazu bei, das Land in eine soziale Schieflage zu bringen. Millionen Menschen werden dauerhaft alimentiert, zu Lasten der arbeitenden Bevölkerung.

Migranten werden stark überproportional von Covid-19-Erkrankungen heimgesucht und auf den Intensivstationen der Krankenhäuser behandelt. Der Präsident des Robert Koch-Instituts, Lothar Wieler, hat sich dazu so geäußert: „Ich habe das genauso gehört. Aber es ist ein Tabu. Ich habe versucht, auf bestimmte Menschen zuzugehen. Wir müssen über Imane auf diese Religionsgruppe eingehen." Das heikle Thema solle über Sozialarbeit in die Moscheen und „Parallelgesellschaften mitten in unserem Land" getragen werden. Allerdings käme man dort kaum hinein. „Diese Gruppe besteht aus vier Millionen Menschen in Deutschland. Das entspricht einem Anteil von 4,8 Prozent. Auf den Intensivstationen liegen aber deutlich über 50 Prozent aus dieser Gruppe." Lothar Wieler bestätigt dieses Zitat, indem er einschränkt: „Es handelte sich nicht um ein öffentliches Expertengespräch, sondern um einen persönlichen, informellen Austausch." Die Personengruppe, über die die Experten gesprochen haben, heißen „Patienten mit Kommunikationsbarrieren". Es ist offensichtlich ein Tabu, die Realität so zu bezeichnen, wie sie ist.

Der „Focus" (9. April 2021, Online) benennt die Dinge deutlich öffentlich, indem das Magazin schreibt: „Dokument aus Kölner Klinik: 2 von 3 Corona-Intensivpatienten haben Migrationshintergrund." Diese Erkenntnis ist nicht neu, denn bereits im Oktober 2020 zitiert die Nachrichtenagentur Reuters den „OECD-Experten Thomas Liebig: „In fast allen OECD-Ländern, für die Daten vorliegen, gibt es eine systematische Überrepräsentanz von Migranten bei den Covid-19-Fäl-

[108] Victor Hugo: „Die Elenden", Deutsch von L. von Alvensleben, Neunter Band, Fünfte Abtheilung: Jean Valjeau, Berlin o. J., vermutlich 1863, S. 83 ff.

Im Laufe der Jahre seit Erscheinen des Buches „Les Misérables" im Jahr 1862 sind zahlreiche Übersetzungen des Romans ins Deutsche erschienen. Ich habe die Übersetzung von L. von Alvensleben aus dem Jahr 1863 gewählt, weil sie mir besonders bildmächtig erscheint und zeitnah zur ersten Veröffentlichung des Romans geleistet worden ist.

[109] Ludwig Wittig: „Ein Jahrhundert der Revolutionen. Geschichtliche Entwicklung der Kämpfe für und gegen die Völkerfreiheit, vom amerikanischen Unabhängigkeitskriege bis in die neueste Zeit", Erster Theil, Zürich 1874, S. 370.

[110] Die „Briefe aus Paris" in Buchform verkaufen sich gut, schreibt Börne in seinem Brief vom 17. Dezember 1831. In diesem Brief setzt Börne auch einen Seitenhieb auf die Presse: „In der Nürnberger Zeitung, ein *Unter-Blättchen*, wo die Hühneraugen und Frostbeulen der ärmsten Teufel von Schriftstellern sich versammeln, heißt es in einem Schreiben aus Berlin:‚Börne´s Briefe aus Paris, die hier großes Aufsehen gemacht, wurden allgemein mit *Verachtung und Abscheu* aufgenommen, und es ist erstaunlich, wie dieser Börne, der sonst bei den Berlinern so hoch gestanden, plötzlich so tief fallen konnte.'"

[111] Ludwig Börne: „Briefe aus Paris", Herisau 1835, S. 8.

[112] Heinrich Heine: „Reisebilder", Dritter Theil, Hamburg, 1830, S. 15.

[113] In diesem Brief vom 3. November 1830 äußert Börne sich auch über seine Schwierigkeiten, in der Gesellschaft Einzelnen gegenüber seine Meinungen äußern zu können. Er halte sich „lieber an Menschenmassen und an Bücher. Da kann ich fortgehen, die kann ich weglegen, wenn sie mir nicht gefallen oder wenn ich müde bin. In Gesellschaften muß ich hören, was ich nicht habe Lust zu hören, muß sprechen, wenn ich nicht habe Lust zu sprechen, und muß schweigen, wenn ich reden möchte. (…) Wie selten trifft man einen Menschen, mit dem man *en gros* sprechen kann."

[114] Börne befürchtet, mit einer unabhängigen Presse sei es bald vorbei. Am 24. Dezember 1831 schreibt er: „Der *Constitutionel*, seit vielen Jahren das mächtigste Blatt der Opposition, ist jetzt in Casimir Perriers Hände gefallen. Er hat ihn für eine halbe Million Aktien gekauft und kann daher mit ihm verfahren, wie ihm beliebt. (…) Es wird noch einige Zeit dauern, bis der Constitutionel seine Maske völlig abwirft."

[115] „Lyonnais, Quittez votre deuil et revêtez vos habits de fête, S.A.R. le duc d´Orléans arrive dans vos murs. C´est l´arc-en-ciel qui annonce la fin de l´orage", (meine Übersetzung).

[116] Elisabeth Mentzel (Hg.): „Briefe der Frau Jeanette Strauß-Wohl an Börne", Bremen 2012, S. 335.

[117] Ravagen: Verwüstungen, hier als gesellschaftliche Verwüstungen gemeint.

[118] Ouvrier: Arbeiter.

[119] Ludwig Wittig: a.a.O, S. 365.

[120] Es ist in der Bundesrepublik Deutschland schlechte Tradition, die Bestimmungen des Grundgesetzes beiseite zu schieben. Der deutsche Bundestag listet im Datenhandbuch in der Zeit von 1990 bis 2019 auf 28 Seiten 175 Gesetze auf, die als verfassungswidrig eingestuft worden sind (Deutscher Bundestag, Dokumente, Kapitel 10.6, Für nichtig oder verfassungswidrig erklärte Bundesgesetze, Stand 24. Juni 2019).

[121] „evangelisch.de": „Verfassungsrechtler Di Fabio: ‚Kein verfassungsrechtlicher Missstand'", Online, 4. Dezember 2020.

[122] Hans-Jürgen Papier im Interview mit der „Welt": „Die Menschen dieses Landes sind keine Untertanen", Online, 7. März 2021.

[123] Jahrbuch a.a.O., S. 613.

[124] statista: „Umsatzentwicklung der Vertriebswege Sortiment, Bahnhofsbuchhandel, Warenhäuser, E-Commerce im deutschen Buchhandel von Februar 2019 bis Februar 2021", 4. März 2021.

[125] Die Bundesagentur für Arbeit nennt für März 2021 die Zahl von rund 2,8 Mio. Arbeitslosen (Presseinfo Nr. 13: „Der Arbeitsmarkt im März 2021", 31. März 2021"). Unter der Rubrik „Unterbeschäftigung" weist die Bundesagentur insgesamt, also einschließlich der Arbeitslosen, rund 3,6 Mio. Personen aus, die tatsächlich nicht arbeiten, sondern beruflich weitergebildet werden, „nahe am Arbeitslosenstatus sind" oder nur „kurzfristig arbeitslos" sind (Tabellenanhang zum Monatsbericht März 2021, Tz. 6.7).

Zusätzlich sind rund 2,6 Mio. Menschen in Kurzarbeit, von denen eine erhebliche Zahl dauerhaft arbeitslos werden dürfte, weil die Betriebe, in denen diese Menschen eigentlich arbeiten wollen, infolge der Corona-Restriktionen wirtschaftlich nicht überleben werden. (Betriebe mit Kurzarbeit Jahresdurchschnitt 2020: 320.000, statista, März 2021).

126 Johann Wolfgang von Goethe an Wilhelm von Humboldt, „Weimar, den 17. März 1832, treu angehörig JWvGoethe".
Goethe dokumentiert sein Urteil über seine Zeitgenossen in seinem letzten Brief vor seinem Tod am 22. März 1832. Sein niederschmetterndes Fazit ist dem Publikum nicht zuzumuten und wird deshalb (vorerst) nicht veröffentlicht. Goethes Briefkonzept, „dem Schreiber auf das Papier gesprochen", und der endgültige Brief weisen unterschiedliche Kasus auf. Im Konzept heißt es: „Verwirrende Lehre zu verwirrtem Handel..." (mit Dativ).

Humboldt schreibt am 18. April 1832 an den Testamentsvollstrecker Goethes, Kanzler v. Müller: Dieser Teil des Briefes sei „zwar auch höchst merkwürdig, und es wäre wohl nicht ohne Nutzen, (durch einen Abdruck) laut und öffentlich auszusprechen, mit welchem gerechten Zorn Goethe sich über die Absurditaeten der Zeit geäußert hat. Man bessert aber doch niemanden auf der Welt und man könnte Goethes Worte so auslegen, als wäre er mit einer Art Erbitterung aus der Welt gegangen. Sein Tod war aber so schön und sanft, daß man einen so erhebenden und beruhigenden Eindruk zu stören sich wohl hüten muß."
(zit. nach Albrecht Schöne: „Der Briefschreiber Goethe", eBook, München ohne Datum).

127 „Wir wollen noch weiter tanzen / Sehen, wie unsere Gedanken unsere Körper umarmen / Unser Leben in einer Akkordfolge verbringen / Wir wollen noch weiter tanzen / Wir sind Zugvögel / Niemals fügsam, niemals wirklich brav / Von keiner Ideologie geprägt / Unter allen Umständen kommen wir in der Morgendämmerung / Um das Schweigen zu brechen / Und wenn am Abend im Fernsehen / Der gute König gesprochen hat / Gekommen, um das Urteil zu verkünden / Zeigen wir unsere Nichtachtung / Aber immer mit Eleganz / Wir wollen noch weiter tanzen... Übersetzung aus dem Video Youtube HK - Danser encore, 18. Dezember 2020.

Zeitfracht Medien GmbH
Ferdinand-Jühlke-Straße 7
99095 Erfurt, Deutschland
produktsicherheit@kolibri360.de